浙江省社科联社科普及课题成果

农村青年创业导航

NONGCUN QINGNIAN CHUANGYE DAOHANG

农村青年创业培训系列教材

邵文革 李寿和 主编

浙江工商大學出版社

图书在版编目(CIP)数据

农村青年创业导航 / 邵文革，李寿和主编. — 杭州：浙江工商大学出版社，2011.10

ISBN 978-7-81140-336-7

Ⅰ. ①农… Ⅱ. ①邵… ②李… Ⅲ. ①企业法－基本知识－中国 Ⅳ. ①D922.291.91

中国版本图书馆 CIP 数据核字(2011)第 144571 号

农村青年创业导航

邵文革　李寿和 主编

责任编辑　刘　韵　赵　丹
封面设计　流　云
责任印制　汪　俊
出版发行　浙江工商大学出版社
(杭州市教工路 198 号　邮政编码 310012)
(E-mail:zjgsupress@163.com)
(网址:http://www.zjgsupress.com)
电话:0571－88904980,88831806(传真)
排　　版　杭州朝曦图文设计有限公司
印　　刷　杭州恒力通印务有限公司
开　　本　850mm×1168mm　1/32
印　　张　4.5
字　　数　110 千
版 印 次　2011 年 10 月第 1 版　2012年5月第3次印刷
书　　号　ISBN 978-7-81140-336-7
定　　价　15.00 元

浙江工商大学出版社营销部邮购电话　0571-88804227

教材编写委员会

前言

FOREWORD

在全面开展社会主义新农村建设，加快农村劳动力转移就业，促进农业增产、农民增收的大背景下，金华成泰农村青年创业学院于 2009 年春应运而生。金华成泰农村青年创业学院由共青团金华市委牵头，以金华职业技术学院为依托，市委农办、市劳动和社会保障局、金华成泰银行等为理事单位。创业学院实行理事会制度。理事会授权共青团金华市委筹集办学经费和生源组织工作；授权金华职业技术学院具体负责课程设置、教材编写及师资安排等培训组织工作。

学院在开展农村青年创业培训活动中，开设了创业导航、电子商务、创业企业管理、创业法律知识等方面的专业应用课程。几年来已有一大批农村青年系统地接受了创业培训，并在创业过程中取得了令人瞩目的成绩。学院在创业培训教学实践探索中不断积累经验，形成了一套具有本地特色的系列培训教材。为了让更多农村青年能够得到更为广泛、更为系统的创业专业知识学习，学院编写了《农村青年创业导航》、《创业企业经营》、《创业法律政策》、《创业案例集锦》等系列教材。本次出版的《农村青年创业导航》旨在为农村青年从树立创业意识、激发创业激情、选择创业项目、掌握创业方法等方面提供有效的服务与帮助。本教材具有可读性、趣味性、实用性、创新性等特点，避免了枯燥的理论说教，用热情生动、风趣幽默的语言引导青年创业，使具有初中以上文化程度的农村青年都能读懂；并引用了一些寓言故事及本地青年创业案例等内容，使学员读后有感想发；教材中还安排了一定比例的实训作业，以训练学员超前性、创新性的创业思维。

愿此书的出版发行能为农村青年的创业提供有益的帮助，促进农村青年创业培训规范、健康地持续发展。

编　者

2011年9月

目 录
MU LU

第一单元　如何打开创业之门

一、产生你的创业想法

企业想法是用简短而精确的语言，对打算创办的企业的基本业务所做的描述。一家好的企业往往始于一个好的企业想法。在创办一家好的企业之前，你需要对你期望经营的企业有一个明确的想法。

> 问题：想创办自己的企业，但是我应该怎样去做？
> 我想知道什么样的企业能够成功？

一家成功的企业既能满足顾客的需要，又能赢利；既要向人们提供他们想要的产品，又要为企业主带来利润。你的企业想法应当包括下列几条。

1. 你的企业将提供什么产品或服务？

你的企业将提供什么产品或服务？你的企业想法应该基于你了解的产品或擅长的服务，而且必须是人们愿意付钱购买的产品或服务。分析各种企业想法，将帮助你把注意力集中到你擅长的企业类型上来。

产品是人们需要付钱购买的物品。它可能是你自己制作的东西，也可能是你进货之后再销售出去的东西，如工具、烘烤产品、服装和零售商品等都是产品。

服务是你为别人所做的一些事情，他们愿意因此付钱给你，如擦鞋、送信和送货、银行帮人安全保管钱财、修理自行车等。

2. 你的企业将向谁提供产品或服务？

谁将购买你的产品或服务？顾客是每个企业必不可少的部分。清楚地了解你的潜在顾客很重要。你是向某一类特定的顾客销售，还是向一个地区的每一个人销售？除非有足够的人愿意并能够花钱购买你的产品或服务，否则你的企业将无法盈利。

3. 你的企业将如何提供产品或服务？

你的企业将如何提供你的产品和服务？

假如你打算开一家商店，这个问题并不复杂。但是对于制造商或服务提供商而言，却有很多不同的销售方法。一个制造商既可以直接向顾客销售产品，也可以向零售商销售产品。

4. 你的企业将满足顾客哪些需要？

你的产品或服务将满足顾客哪些需要？你的企业想法应该始终想到顾客以及顾客的需要。当你思考你的企业想法时，调查你未来的顾客想要什么是很重要的。

创办一家企业不是一件容易的事，需要做大量的工作并制定许多计划。如果你创办了一家不合适的企业，那么，你在创办企业的过程中所付出的全部努力和投入的资金可能都会白费。一家合适的企业始于一个好的企业想法。

所有好的企业都始于一个经过深思熟虑的好的企业想法。本教材将帮助你产生好的企业想法，并分析这些想法，从中选择一个适合你且能使你赢利的想法。

二、了解创业基本要素

创业是一项艰苦的事业，也是一个复杂和复合的过程。创业需要很多的条件、资源和要素，不是仅仅有一个想法、一个机会就可以了；也不是依靠创业者的个人聪明就可以实现了；也不是有了运作的资本就可以成功了。创业需要充分发挥创造者的个人素质和能力、集合团队人力资本和智慧，在有足够的资金支撑和人脉支撑的基础上，通过创业目标的指引，才能完成。可以说，创业者、创业机会、创业组织和创业资源等构成了创业的基本要素。这些基本要素对于不同的创业类型和方式来说，并不是必须全部具备的，它们的作用在不同的创业方式中是不同的，但是它们构成了一般创业的基本要素。

1. 创业者

创业者是创业的主体，是创业概念的发起者，是创业目标的制定者，是创业过程的组织者，也是创业结果的承担者。创业者是推动创业的基本要素，而创业者的个人素质高低决定了创业的成败。个人素质包括创业者的性格、能力、知识结构以及他的精力和时间，即作为一个创业者必须具备一定的特征和素质。

创业者可以分成几种类型：(1)酝酿者，指正式行动前的创始者，即考虑创建新企业的个体；(2)初学者，指从没有过创业经历的创业者，即成为一个企业的创始人、继承人或购买者之前没有企业经历的个体；(3)熟练者，指习惯性的创业者，即创业前拥有企业经历的个体；(4)持续者，即连续创业的创业者，指在出售或关闭原有企业后，继而继承、建立或购买另一个企业的个体；(5)拓展者，即组合型创业者，指在保留原有企业的情况下，随后又继承、建立或购买另一个企业的个体。

早期的学者认为创业者在某种程度上不同于一般的人，从而着重研究了创业者的个性、背景、经验以及品质等，但研究结果并不支持这种观点。因此，研究的焦点逐渐转向创业者的行为以及他们的决策认知过程。如 Alsos 与 Kolvereid 发现，与初学者或持续者相比，拓展者创业的可能性更高。近期也有不少学者关注酝酿者。他们发现酝酿者具有异质性，而这种异质性主要是以创业者的年龄和以前的就业状况为识别变量。由于实际创业比仅仅考虑创业需要做更多的事情，因此，需要进行纵向研究，以便更深入地了解他们要考虑到何种程度才会真正开始行动，以及这其中的过程。从而检验企业创建前的活动与企业成功的关系，并验证成功创业的个体和放弃创业的个体之间的差异是否可以归因于机会的性质、酝酿者的承诺和期望以及外部环境资源的可获得性等要素。

同时，创业者的异质性还表现在：创业者可能不止涉及一个企业，但以往的研究一直忽略了这一点。如创业者的退出会引出这样一个问题：创业者是决定完全退出创业生涯呢，还是决定再拥有另外一个企业？其中的影响因素又是什么呢？研究认为，创业者只在第一个企业失败时才会创建另一个企业，但从一个企业退出则取决于其自身绩效期望的阀值。

此外，对创业团队的研究也不可忽视。研究发现，50%的企业都是由创业团队创建的，由团队创建的企业通常拥有更多样化的技能和竞争力基础，形成更广阔的社会和企业网络，从而可获得更多的资源。团队还可以增加创业企业的合法性，尤其在融资的时候。但创业团队的动态性还亟待进一步的探讨。

创业者的七大必备条件:RISKING

1. 充分的资源(resources):包括人力和财力,创业者要具备充分的经验、学历、流动资金、时间、精神和毅力;

2. 可行的概念(ideas):生意概念不怕旧,最重要的是可行、有长久性,可以继续开发、扩展;

3. 适当的基本技能(skills):不是行业中的一般技能,而是通常性的企业管理技能;

4. 有关行业的知识(knowledge):不能只陶醉于自己的理想;

5. 才智(intelligence):创业者不一定要有高智商,但要能够把握机会并作出明确的决定;

6. 朋友网络和人际关系(network):创业者如果有人帮助和支持,不断扩大朋友网络和搞好人际关系会带来不少方便;

7. 确定的目标(goal)。

非常巧的是,将七个条件的首字母串在一起,恰好是"RISKING"(冒险)一词,这也反映出创业的风险。

2. 创业机会

越来越多的创业研究学者认为,在创业的所有要素中创业机会是核心要素。研究者认为,拥有创业精神的创业者视改变为健康的常态,强调改变会使机会多于风险,创业者视改变是一种机会。但创业的关键因素是认知到机会且有意愿并真正采取创业行动。创业者"为什么"、"什么时候"以及"怎么样"利用机会是创业者的特征函数。然而,机会来自哪里是一个最容易被忽视的问题。机会的认知是一种预先的思考方式,实际上,机会是事后才能检验先前预测的机会是否实现的参照。为什么某些个体能识别机会而其他人却不能,这主要是由于个体之间存在三个方面的差异:知识

(和信息)差异、认知差异和行为差异。而将专业知识与商业知识结合起来,不仅需要技能、才能、洞察力,还需要既不是太稳定也不是波动过大的外部环境。个体识别机会并搜集信息的程度取决于其人力资本的构成。机会的搜索与识别过程受到决策者认知行为的影响,所以不同类型的创业者识别机会与搜索信息的能力和过程将有所不同。研究还发现,经验并不能增强创业者识别机会的能力;熟练者由于有创办企业的经历,其信息的搜集可能很有限且范围比较窄;初学者由于没有经验,往往会搜集更多的信息,但却因为不熟悉环境,搜集到的信息相对会少一些。此外,某些有经验的创业者过去可能只是偶然拥有一个企业,但随着时间的推移他们会建立广泛的联系,这种联系能够为他们提供与机会相关的信息,因此他们不需要采取预先行动来搜寻机会。而且,如果他们赢得了成功创业者的声誉,那么融资者、其他的创业者等就会将创业计划送到他们手中。还有学者指出,创业者从创业经验中学习的能力,可能会影响他以后信息搜集的数量和质量。因此,基于经验的直观推断对信息的认知和机会的识别非常重要。研究还表明,在机会的发展与创造上,习惯于创建新企业来创业的熟练者,比习惯通过 MBO/MBI 来创业的熟练者更具有主动性,并更有可能会采取预先行动。

3. 创业资源

机会一旦被识别并获得相关的信息,那下一步就是获取所需的资源并有效地组织现有资源。企业的所有者往往就是关键资源的拥有者,也可能是资源获取的关键所在。许多研究试图发掘资源与成败之间的关系。钱德勒(Chandler)和汉克斯(Hanks)发现,具有比较多或较高质量资源的企业成长得更快且规模更大,而且资源的相对重要性会随着企业的成长而变化。同时,尽管资源对创业的成败至关重要,但仅有资源并不足以获得成功。创业者需要发展其技能，选择竞争策略来更好地利用可获得的资源。从企业资源理论的角度来看，创业企业应选择某种竞争策略来形成基于资源和能力的租金。当组织采用的策略与可获得的资源相适应时，创业才会成功。

林嵩(2007)认为，创业资源是企业创立以及成长过程中所需要的各种生产要素和支撑条件。因此，在创业过程中，应当积极拓展创业资源的获取渠道，并且创业资源对于创业的重要意义不仅仅局限在单纯的量的积累上，应当看到创业过程实质上是各类创业资源重新整合、获取竞争优势的过程。Alvareza 和 Busenitzb 也认为创业本身是一种资源的重新整合。因此，在创业过程中，不仅仅要广泛地获取创业资源，更要懂得如何使用这些资源。创业之初，创业所需的各项资源往往只能依靠创业者通过自身努力获取，由于新创业企业的高度成长性，在其迅速成长扩张的过程中，组织规模很快就发展到一定的规模之上，创业者很快就会发现，通过自身努力获取的资源远远不能支持企业的发展。为了使企业能够继续发展，创业资源，也就是外部机构给予企业的资源是相当必要的。

为了进一步分析创业资源的特征，林嵩将创业资源分成以下 6 种主要类型(如图 1.1)。

政策资源：从中国的创业环境看，创业活动需要相应的政策扶持，只有在政策允许和鼓励的条件下，企业才能获得更多的国内外人才、贷款和投资、各种服务与优惠等等。

信息资源：对于新创企业来说，由于竞争十分激烈，就更加需要丰富、及时、准确的信息，以争取到更多的生产要素资源。由专业机构提供的信息资源可以为创业者制定研发、采购、生产和销售的决策提供指导和参考。此外，创业者的社会网络也是创业者获取信息资源的重要途径。

资金资源：资金资源对于任何一个企业都非常重要，对于新创

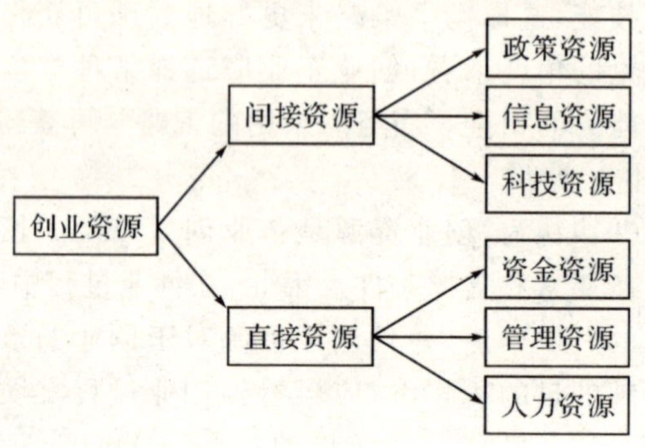

图 1.1 创业资源框架图

企业来说，无论是进行产品研发还是生产销售，都需要大量的资金，如何有效地吸收资金资源是每个创业者都极为关注的问题。

人才资源：高素质人才的获取和开发，是现代企业可持续发展的关键，特别是高科技创业企业。因为其更大的知识比重，人才资源则更为重要。

管理资源：一些新创企业的管理者大多是科技人员出身，他们本身具备较强的科研能力，但是对于企业管理知识往往有所欠缺，很多企业都失败于管理不善，这意味着拥有一套完整而高效的企业管理制度是新创企业宝贵的资源。

科技资源：对于新创企业来说，积极寻找引进有商业价值的科技成果，加强和高校科研院所的产学研合作，将有助于加快产品研发的速度，为企业在市场上的竞争提供优势。

资源整合对于创业过程的促进作用是通过创业战略的制定和实施来实现的。对于创业企业来说，战略定位不清晰、核心竞争力不明确是其发展的主要障碍。所以有效的资源整合，能够帮助创业者重新认识企业的竞争优势，制定切实可行的战略规划，为新创企业的成长打下良好的基础。一方面，战略的制定和实施需要一定的资源予以支持，只有拥有充分的资源，战略才有制定和实施的

基础,因此,新创企业所拥有的创业资源越丰富,创业战略也越有保障;另一方面,创业资源还可以适当校正企业的战略方向,帮助新创企业选择正确的创业战略,因此,企业获取的创业资源越多,创业战略的实施也越有利。根据上述分析,我们把创业资源与创业过程之间的关系作以下图示(如图 1.2)。

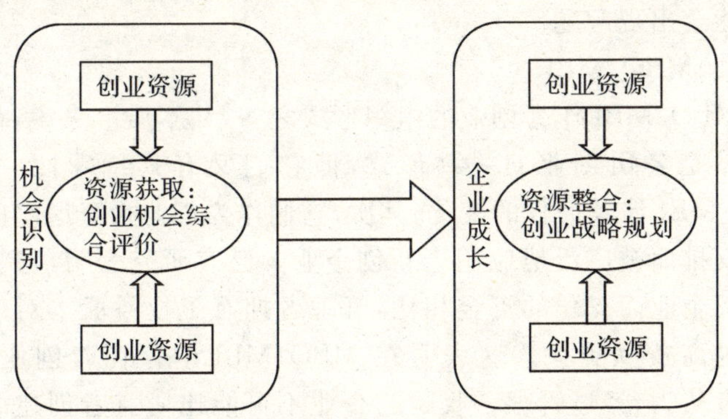

图 1.2　创业资源与创业过程之间的关系

4. 创业组织

创业者决策风格的不同可能会导致他们的思维方式在组织性、系统性上存在差异,相应地,他们所建立组织的特征也会有类似的差别。创业企业可能采用的组织形式主要有四种:公司创业、管理层收购或管理层换购(MBO/MBI)、特许经营、家族企业的继承。

(1)公司创业

公司创业是指组织更新的过程,既包括通过市场开发或引进产品、流程技术和管理创新来创建新企业,也包括企业的理念再定义、再组织以及制度创新(Zahra, Kuratko and Jennings, 1999)。由于大企业中的官僚程序和流程会导致组织刚性,而公司创业有

助于改造这些官僚性的程序和流程，降低组织刚性，因此，公司创业的研究对象主要是大企业（Russell，1999）。纵向研究表明，环境因素对公司创业及其绩效影响很大，但它的影响需要比较长的时间才能完全体现（Dess，Lumpkin and McGee，1999）。此外，当企业存在短视行为、公司创业活动得不到高层继续支持时，公司创业可能会出现问题。

（2）MBO/MBI

MBO/MBI 作为创业的组织形式之一，从本质上来说，都可以被看做是公司创业的一种形式，但它们又有其特殊性。首先，MBO/MBI 涉及产权的变化；其次，它们作为创业投资退出的一种合约安排而被广泛地应用于新创企业。已有研究表明，与管理者为购买企业而支付的资金相比，管理者拥有了权益股本对组织绩效的提高贡献更大。这表明在 MBO/MBI 中存在着创业活动。有学者认为，经过管理者收购的企业不可能比所有者创建的企业运营得好，但现有企业所有权的转移一般伴随着重组企业运营方式的创业行为。研究还指出，尽管管理者收购中存在着影响巨大的代理成本，但大量论据证明，MBO/MBI 中也存在着以新产品开发和资本投资为形式的创业影响。

研究还发现，虽然在 MBO/MBI 中可以应用代理理论来设计鼓励创新的诱因机制，但这会限制重大创新。经理人的决策取决于详细的信息和系统的分析，而为了获得更多的激进型创新，创业者需要应用直观推断来决策。Wright，Hoskinsson，Busenitz 和 Dial 将代理理论与认知理论相结合建立模型得出结论：在约束激励机制可以增进创新及其效率的情况下，如果新的所有者只具备管理认知力而不具备创业认知力，那么 MBO/MBI 并不会导致重大的创新。同时，对管理者收购动机的研究表明，开发以前的所有者还没有实现的战略机会，以及掌握自己的命题对 MBO/MBI 中的管理者们而言很重要。

(3)特许经营

特许经营是创业者为了使风险和不确定性最小化而选择的一种创业方式。当然也有学者认为,特许经营并不是建立新的独立企业的创新活动。但 Bates(1999)指出,由于企业绩效差通常是销售的原因,因此从前任持有者手中购买特许经营权的经营者,比从零开始的特许经营者风险更大,而且实际上也比新创企业的风险更大。已有学者关注特许经营与特许授予人之间的合作与冲突问题,尤其是他们之间的非正式管理问题。研究发现,参与性交流通常可以提高特许经营者的自由度。此外,还有学者指出,特许授予人对特许经营者的组织经营存在某种程度的控制,这在很大程度上是受特许经营者创业能力的影响。

(4)家族企业的继承

由于家族企业的建立与传统的创业定义相符,因而提出了家族企业的继承是否也具有创业属性的问题。Chua,Chrisman 和 Sharma 指出,家族企业由于其家族成员在经营中的关键作用而不同于其他类型的组织。Lansberg 认为,继承对家族企业的发展很重要,但维持家族在管理上的统治,从长远来看可能会影响企业的适应和生存能力。家族企业往往是在继承者不能或不愿经营企业时,通过 MBO/MBI 而生存下来。当然,继承人也可以通过把家族企业分成两个或多个独立的企业来摆脱其负担和义务。不过对长期投资更有力的承诺,对产品与服务质量更多的关注,对雇员与经理人员的更好培训以及对管理研究更大的投资也会对家族企业的继承产生积极的影响。他还提出继承有三种形式:转移继承,即企业形式的延续;演进继承,涉及所有权和控制权的根本改变,从而形成一个更复杂的家族企业系统;退出继承,形成一个更简单的家族企业。研究家族企业中的创业属性问题可以以此为概念框架。这就需要对家族企业进行更多的纵向研究以检验家族企业和非家族企业中继承的创业涵义,需要研究家族企业继承过程中的

复杂性(家族、管理者和所有权三者相互纠缠的系统)以及创业与家族经营之间的交叉重叠。

三、明确创业基本过程

创业可以分为四个阶段,每个阶段的重点如表 1.1。

表 1.1 创业过程的四个阶段

第一阶段 识别与评估创业机会	第二阶段 准备并撰写创业计划	第三阶段 确定并获取创业资源	第四阶段 管理新创企业
★创新性与“机会之窗”的长度 ★机会的估计与实际的价值 ★机会的风险与回报 ★机会与个人技能、目标 ★竞争状态	封面页 目录 大致框架: 1. 商务活动描述 2. 行业的描述 3. 营销计划 4. 财务计划 5. 生产计划 6. 组织计划 7. 营运计划 8. 总结 附录或图标	★创业者的现有资源 ★资源缺口与目前可获得的资源供给 ★通过一定渠道获得其他所需资源	★管理方式 ★成功的关键因素 ★当前问题与潜在问题的辨识 ★控制系统的完备化

创业过程充满动态性与复杂性。蒂蒙斯在《创业学》一书中提出了一个影响深远的创业过程理论模型(参见图 1.3)。蒂蒙斯认为,创业过程是创业机会、创业团队和资源之间适当配置的高度动态平衡,创业机会、资源与创业团队是创业过程的关键构成要素,其中创业机会是创业过程的核心要素,创业过程实质上是发现与开发创业机会的过程;资源是创业过程的必要支持,是开发机会谋求收益的基础;创业团队是在创业过程中发现和开发机会、整合资

源的主体，是新创企业的关键构成要素。

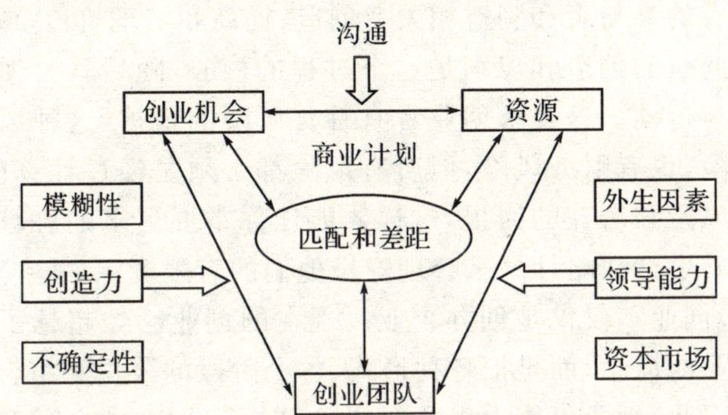

图 1.3　蒂蒙斯创业过程理论模型

蒂蒙斯模型运用创业机会、资源与创业团队三要素来概括创业过程的复杂性，采用三要素的动态平衡过程来总结创业过程的动态性，高度揭示了创业过程的动态性与复杂性特征。蒂蒙斯认为，随着时空变迁、机会模糊性、市场不确定性、资本市场风险及外在环境等因素对创业活动的冲击，创业过程充满风险与不确定性。创业机会、创业团队和资源这三要素也会因相对地位的变化而产生失衡现象，此时创业团队扮演着调整活动重心以获得创业机会与资源相对平衡的核心决策者角色；创业初期机会挖掘与选择是关键，创业团队的决策重心在于迅速整合资源以抓住创业机会。随着新企业的创立与成长，资源日渐丰富，企业面临更为复杂的竞争环境与市场环境，创业团队的决策重心转向合理配置资源以提高资源使用效率，构建规范管理体系以抵抗外部竞争与不确定性等活动。

由于创业是一项高度综合的复杂动态管理活动，所以以下事实将有助于加深理解。

(1)创业最重要的是平衡风险。创业是一种思考、推理和行动的方法，它不仅要受机会的制约，还要求创业者有完整缜密的实施

方法和讲求高度平衡技巧的领导艺术。创业不仅能为创业者，也能为所有的参与者和利益相关者创造、提高和实现价值，或使价值再生。商机的创造和识别是这个过程的核心，随后就是抓住商机的意愿与行动。这要求创业者有甘冒风险的精神，这种风险既有个人风险，也有财务风险，但所有风险都必须是经过计算的，要不断平衡风险和潜在的回报，这样才能让你掌握更多的胜算。创业者要精心设计战略计划来合理安排他们的有限资源。

(2)创业不仅仅是创办企业。现在的创业已经超越了传统的创建企业的概念，而是把各种形式、各个阶段的公司和组合都包括进来。因此，创业可能出现在新公司和老公司中，小公司和大公司中，高速发展的和缓慢发展的公司中；私人企业、大学生等等群体之中。创办企业是创业的最初内容，如20世纪七八十年代的新建企业对美国和世界各个行业的竞争结构产生了重大的影响，其中的佼佼者打造了太多的创业传奇。而如今一些被认为是不可战胜的巨人公司受到一股新的创业企业的严重冲击，他们却无视新竞争对手获得成功的创业手段。其实，即使老牌的企业也必须居安思危，并不断进行变革。

(3)看似没有潜力或潜力很小的机会可能是一个很好的商机。苹果计算机公司便是在这种似是而非的情况中成就的一个典范。苹果公司创始人斯蒂夫·乔伯斯(Steve Jobs)和斯蒂夫·华兹耐克(Steve Wozniak)曾向他们的雇主公司提出开放台式个人计算机的建议，但被告知这对该公司而言不是一个商机，于是，他们决定创建自己的公司。

在很多时候，被一些风险投资家否决的项目，到了另外一些投资者那里，却能创造出传奇式的成功故事。比如，Quicken 软件的制造公司——直觉公司，曾被20个风险投资家否决，但凭着直觉，公司的创始人没有放弃，最终获得了资金的支持。

(4)失败或许是成功的最好铺垫。经常发生的情况是，所创建

的第一家公司失败了，但创业者却从中学到了东西，继而创建出了一家极为成功的公司。杰瑞·开普兰(Jerry Kaplan)和莲花发展公司(Lotus)的创始人米奇·卡波尔(Mitch Kapor)合作开发了最早的笔输入式计算机。在花完了8千万美元的风险投资后，他们的公司倒闭了。然后开普兰创建了一家拍卖公司，这家公司成长势头迅猛，于1996年上市。

(5)创业需要周全的考虑、准备和计划，但它又是一件基本上无法计划的事情。今天，技术、市场、竞争的高度动态性和易变性的特征，使得我们不可能完全了解市场行情和竞争对手，更不要说了解5年以后的情况了，但人们还是花了大量精力试图预测未来。结果，当商业计划书从打印机里打印出来时，它已经过时了，这是无法避免的情况。我们一定要记住，这是一个创造过程——像泥塑一样。所以，我们必须培养起一种规划和随机应变的习惯，不断综合大脑信息和内心感受，不断对自己的选择进行重新评估，直到这个过程成为自己的第二天性。

(6)创业需要行动和紧迫感，但同时需要耐心和恒心。当一位创业者的竞争对手不断收购和迅速扩张的时候，他没有做出任何相应的行动，这使得管理团队里的其他成员对他发火了。但他在报告中指出，在过去的一年中，公司就因为以静制动，至少节约了5000万美元到1亿美元！创业需要强烈的紧迫感。前有绊脚石，后有猛虎追，该跑还是该走？跑，可能会跌倒；走，可能入虎口。同样，创业还需要耐心。过于急躁，恐怕就会损失这5000万美元到1亿美元。而如果过于有耐心，则可能会失去2亿美元的商机。看来，这对矛盾还真的很难抉择。

(7)创业的世界不是整齐、有序、线性、具有一贯性和可预测性的，但我们总是希望它能够这样。创业的世界充满着矛盾和混乱。昨天的规律到了今天，也许成了一纸笑谈，而到了明天，可能又会成为金科玉律。我们也许总觉得，凭着自己良好的市场预测能力，

明天可以发财，市场可以做强做大。但到了明天，却发现这个市场在昨天晚上就已经乱掉！如果我们总是认为，市场应该按照我们的预测去发展，那么我们恐怕要被市场淘汰了！

要在这个世界上茁壮成长，我们必须十分擅长处理各种模糊、混沌和不确定性，还要掌握颇有预见性的管理技巧。

第二单元　如何测评创业素养

一、创业者的素质

（一）素质的概念

Taylor(1911)最早开始对素质进行研究，他通过“时间—动作研究”对素质进行了分析。20世纪70年代初，McClelland在其具有标志意义的文章Testing for Competence rather than for Intelligence中提出了素质概念，素质的理论研究随之风靡西方国家，并成为理论和企业实践中关注的焦点。Competence一词在中国有诸多译法：能力、素质、胜任力、资质等。本书译为素质，因为对Competence所下的定义都是围绕着人的素质展开的。McClelland教授认为素质是指能够区分在特定的工作岗位和组织环境中绩效水平的个人特征。自从提出素质概念之后，许多学者也相继提出素质的定义，可是至今也没有完整统一的定义。因此，素质一词成为20世纪80年代一个前沿的管理概念。大多数的学者在研究素质概念时，主要有以下几个观点。

素质是一种个人的基本特征。即一个人的“本色”，指的是与生俱来的与工作相关的一系列生理特征，正是这一系列特征产生了绩效优秀者和绩效一般者的区别。

素质是一种行为。即一种可以预期并加以衡量的、用来完成和实现工作目标的行为或者行为组合。

素质是一种知识技能。是与工作相关联的一系列知识和技能

的组合。

素质是一种综合体。素质不是简单地归结为单一的维度，而是包括几个方面的综合体。

从上述对素质的界定中可以看出素质是包括知识、技能、个性、态度、价值观等多种因素的组合，这种组合能够区分出绩效优秀者和绩效一般者。

(1)素质与绩效识别相联系，任职者在素质上的差别将体现在工作绩效的差异上。

(2)素质的本质和基础是个体特征的综合表现，是由素质要素构成的，包括个体的知识、能力水平以及心理活动过程，三者是缺一不可的有机整体。

(3)素质是可以观察、分级并测量的。无论是什么类型或者表现形式的素质要素，一定可以借助于某种测量工具或行为对其加以测量，否则就失去了现实意义。

(4)素质是素质模型的构建基础，而所谓高绩效的素质模型是与组织情境相联系的，因此，不存在绝对地适用于所有情况的高素质特征。

所以，综上所述，本文认同 McClelland 的观点，认为素质是：个人或员工在特定情景下实现高产出所应具备的、并且可以有效测量的知识、技能、价值观和内驱力等特质。

(二) 素质的冰山模型

美国学者斯潘塞于 1993 年提出了一个著名的素质冰山模型。所谓“冰山模型”，就是将人员个体素质的不同表现形式划分为表面的“冰山以上部分”和深藏的“冰山以下部分”。其中，“冰山以上部分”包括基本知识、基本技能，是外在表现，是容易了解与测量的部分，相对而言也比较容易通过培训来改变和发展。而“冰山以下部分”包括社会角色、自我形象、特质和动机，是人内在的、难以测量的部分，它们不太容易通过外界的影响而得到改变，但却对人员

的行为与表现起着关键性的作用。

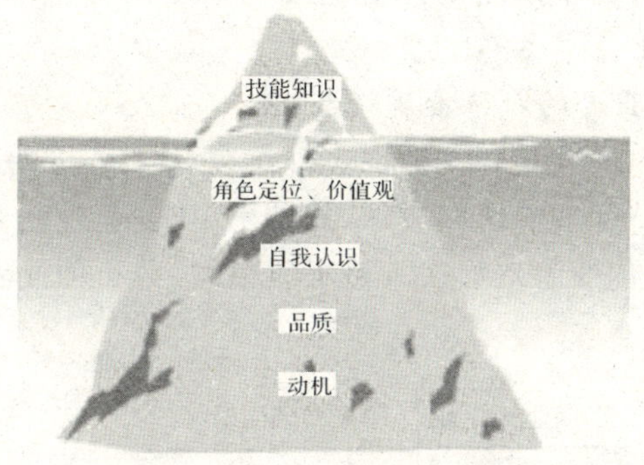

图 2.1 冰山模型

(1)知识，指个人在某一特定领域拥有的事实型与经验型信息。

(2)技能，指结构化地运用知识完成某项具体工作的能力，即对某一特定领域所需技术与知识的掌握情况。

(3)社会角色，指一个人基于态度和价值观的行为方式与风格。

(4)自我概念，指一个人的态度、价值观和自我印象。

(5)特质(性格)，指个性、身体特征对环境和各种信息所表现出来的持续反应。

(6)动机，指在一个特定领域的自然而持续的想法和偏好(如成就、亲和、影响力)，它们将驱动、引导和决定一个人的外在行动。品质与动机可以预测个人在长期无人监督下的工作状态。

其中第 1、2 项大部分与工作所要求的直接资质相关，我们能够在比较短的时间使用一定的手段进行测量。可以通过考察资质证书、考试、面谈、简历等具体形式来测量，也可以通过培训、锻炼等办法来提高这些素质。

第3、4、5、6项往往很难度量和准确表述，又少与工作内容直接关联。只有其主观能动性变化影响到工作时，其对工作的影响才会体现出来。

（三）创业者的人格素质模型

在对国内外成功与失败的创业案例深入分析的基础上，结合有关胜任力特征理论研究成果，总结出由“创业胜任力”和“创业内驱力”构成的创业者双层次人格素质模型，分析创业者的角色意识与胜任素质。

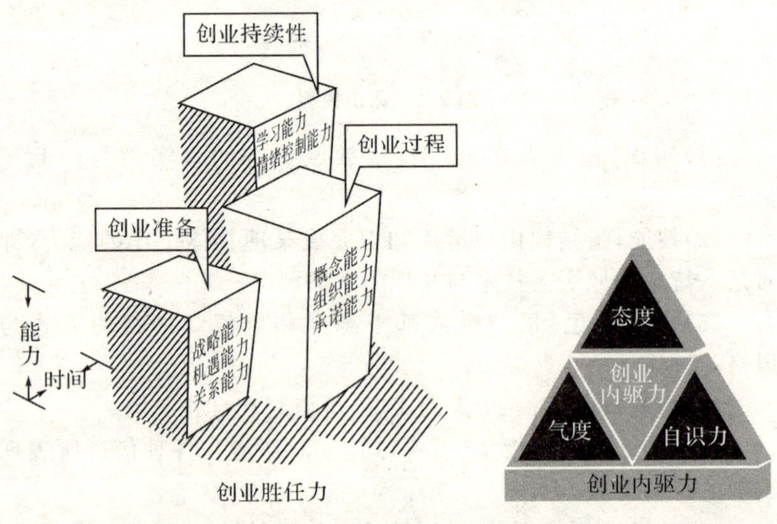

图 2.2

来源：Thomas & Theresa（2002），Journal of Business Venturing；冯华，杜红（2005）.技术经济与管理研究

1. 创业胜任力

创业胜任力是指创业者把握外部机遇、获得持续成功的能力。与以往只关注创业者个人心理特质的理论不同，创业胜任力考虑创业者在创业过程中与环境互动的动态过程。我们认为，创业胜

任力包含创业准备、创业过程和创业持续性三方面的能力。其中，创业准备阶段需要创业者具有创业竞争力，它包含战略能力、机遇能力和关系能力；创业过程中需要创业者具有概念能力、组织能力和承诺能力；创业的持续成功需要创业者有很强的学习能力和情绪控制能力。

大量实证研究发现，越是具备以上能力的创业者，在与创业环境相互作用的过程中，越有可能成功创业。值得注意的是，绝大多数的创业者都不可能同时具备所有上述的胜任力素质，而不同行业的创业者，其能力要求也有所不同。因此，一个能力互补的创业团队尤为重要。投资人在评估创业团队的过程中，需要对核心成员共有能力与差异化能力进行客观评估，并且及时帮助企业招聘稀缺人才，确保核心团队具备“创业准备—创业过程—创业持续性”全过程的核心能力。

诚然，上述的创业胜任力是我们能够观察得到的，这种能力确保创业者抓住创业机遇，获得商业收益。但创业胜任力无法分析创业者更深层次的特质，如创业动机、创业态度以及创业者价值观等等，而这些特质恰恰决定了创业者将创业视为投机还是事业追求。这种根本性的差异直接决定了投资人的投资策略选择是短期还是长期。因此，我们提出了创业内驱力的概念。

2. 创业内驱力

创业内驱力是创业持续成功的动力，包含创业者的个人品质、价值观、动机和自我认知；表现为创业者的态度、气度和自识力。它是我们难以直接观察的，需要根据创业者的各种行为表现进行推理分析而得知。

态度是创业者面对创业的价值取向。态度决定一切。它决定了创业时的本源性动机是基于对事业本身的相信与执著，还是基于对创投游戏规则的谙熟进而投其所好。态度决定了困难来临或诱惑出现时，是依然坚守信念与原则，还是逃避责任甚至道德漂

移。这些看似务虚的理念会在经营发展中的每次关键决策和艰难选择时凸显出来。投资者如果过于关注投资领域发展空间，过于关注商业模式有效性，忽视了创业者的创业态度，就容易为一个天才创意过度兴奋而失去理性，或者干脆钻入了创业者设下的圈套，导致投资失败。

气度是创业者对待他人的原则。气度决定格局，是创业过程中能否突破自己、凝聚团队、关注未来、走出大气魄与大格局的关键。柳传志初创联想时，为了留住技术骨干、核心人员，将最好的住房、最好的车子让给他们。还有俞敏洪、任正非、马云等，他们均是信奉“财散人聚，财聚人散”之人。他们的大气度使得企业度过了艰难期，他们的大气度凝聚了一批批优秀的人才，他们的大气度成就了真正的理想。

自识力是创业者持续思考自我价值取向、自我与他人以及外界关系等形而上学命题的思辨能力。它不仅决定了一个人有多强的创业胜任力，也不断校正着一个人的人生态度与气度格局。

二、创业素养测评

（一）创业素质测评的概念

所谓人才创业素质测评，是指综合利用心理学、社会学、统计学、测量学、管理学、行为学和计算机科学等一系列先进的科学方法，对创业者的个性特征、知识能力、发展潜力和身体素质等人的基本素质方面实施测量和评价的活动。人才创业素质测评的核心问题，就是通过对人的创业能力水平及倾向、个性特点、行为特征等方面的衡量评价，尽可能地谋求“人与创业素质匹配”，即从事创业的人的素质与创业本身特性的相互适应性或者大体匹配度。

人才创业素质测评主要包括四方面的内容，即个性特征、知识能力、发展潜力和身体素质。这些素质都取自人的特征，可以通过

创业者的行为测量出来。但是创业不是一个思想活动，素质模型还应包括创业本钱和环境等创业资源，这些资源在某种程度上是难以预期和获得的，并不是创业者需要努力和改进的方面。相反，个性特征和能力反而是我们测评的一项重要内容。在诸多创业测评文章中，创业者的能力、知识、个性特征多是测评的重点，也是构成素质模型的主要部分。这些素质的测量需要不同的方法和手段。能力稳定但表现形式多变；知识可以习得，但记忆周期比较短；个性特征则难以测量，但在关键时刻往往起重要作用。

个性特征——指一个人对现实的态度以及他的行为方式表现出来的个性心理特征，具有相对稳定性和较强的可塑性。

知识——指一个人所掌握和能够熟练运用的信息，是一个人经验和认知的固化。

能力——指一个人在完成某项任务时所表现出来的各种胜任力，例如交际、创新、把控能力等。

发展潜力——指尚未表现出来的能够通过培养而形成的能力和力量，需要挖掘和激发，并在一定程度上决定着今后的发展高度。

身体素质——包括生理和心理素质。积极向上的心理素质和健康的生理素质能够让人们更好地运用知识。展现能力和挖掘潜力是上述素质实现的基础条件。

（二）为什么创业素质可以测评

1. 个体的素质是稳定的

一个人的素质是在其长期的成长过程和社会活动中逐渐形成的。它一旦形成，便产生相对的稳定性。一个人出生后受到家庭成员的影响，进入学校又受到老师和同学的影响，步入社会则受到单位同事和公司文化的影响，在这个过程中，通过自己的听、思考等活动自发形成的具有稳定特性的自身素质。比如说一位教师，经过三年五载的教学生涯，就逐渐形成了怎样备课、怎样讲课、怎

样热爱自己的学生、怎样为人师表等一系列教师职业素质，于是，便保持着相对的稳定性。正因为个人特点具有相对稳定性，才使人才测评变得有可信度。如果一个人的特点没有这种稳定性，人才测评就没有意义了。

2.个体的素质是有差异的

每个人都有自己稳定的素质，不轻易变化，但人和人之间是存在差异的。这种差异不仅表现在生理上，如性别、身高，更多地表现在心理上。这种心理差异可以归结为两个方面：其一是个性倾向差异，包括兴趣、爱好、需要、动机、信念、理想、价值观等方面的差异；其二是个性心理特征差异。人们由于生长与工作的环境不同，所具有的生理特点与遗传素质不同，成长环境和教育背景不同，所形成的素质就不同。素质之间没有好坏之分，只有是否更适合之分。为了测量哪种素质更适合，我们才要在一定的范围内对不同的素质进行测量，测量的结果才会有意义。如果个体之间的素质没有差异或是差异不大，那么素质测评的意义就不那么重要了，人们也就不能根据测评结果进行决策，测评也就失去了它应有的价值，因此，有人说素质的差异性就是素质测评的前提条件。

3.个体的素质是可以预测的

素质的突出特点之一就是抽象性。素质是一个隐藏在个体身上的一种内在抽象的东西，是看不见、摸不着甚至说不清的。但素质并不神秘，它有一定的表现方式，即素质可以通过人的行为表现出来，素质和行为之间存在着一系列相关性。我们不能对素质本身进行直接测量，但可以通过其表现出来的行为特征进行间接地推测和判断。

4.个体的素质是可以量化的

所谓量化，即数量化，是指将事物以数学形式表示出来。素质测评的量化是通过测量手段来揭示素质的数量特征与质量特征，对定性测评中不便于综合处理的行为特征信息，得到统一的数学

处理。这样，可使被测评者的不同的被试素质心理感觉的差异反映在数量差异上，进而综合反映在个体素质的差异与水平上。

量化使素质测评的结果表现为分数，因此，就使得纷杂的行为特征描述可以由批次离散的状态综合为一个简单的分数或等级，使难以比较的操行评语转化为可以比较的分数，从而大大同化了对各个素质水平与差异的比较与评定，使选拔录用中的测评标准落到了实处，不再是分数与评语脱节，而是相互结合、互相补充。

三、国内测评机构

据悉，目前在国内从事人才测评的机构众多。使用 114 黄页和网通黄页搜索，国内目前从事人才测评服务的公司有 2000 余家。根据经营内容，这些公司可分为以软件销售为主的公司和以实施测评服务为主的公司，前者是将软件销售给企业，主要用于人才的招聘、选拔和考核；后者通常并不销售软件，而是利用自己的专业技师和熟悉的测评工具，帮助企业对招聘的人员进行选拔、考核和开展人力资源普查。根据企业类型，这些公司可分为三大类，即政府测评机构、国际测评机构和民间测评机构，所涉及的公司及其特色产品如下表所示。

表 2.1　国内测评机构及其产品特色

类型	代表公司	代表公司特色测评产品	优势	不足之处
政府测评机构	人事部人才流动中心	各级党政领导人才个体素质能力任职资格测试	在其服务领域处于垄断地位 利润率大 国家制度支持	产品化、缺乏创新 缺乏合适的测评工具，新工具的研发比较困难 没有竞争
	双高人才发展服务中心	各级党政领导人才个体素质能力任职资格测试		

续 表

<table>
<tr><th>类型</th><th>代表公司</th><th>代表公司特色
测评产品</th><th>优势</th><th>不足之处</th></tr>
<tr><td rowspan="7">民间测评机构</td><td>北森</td><td>测评工具
学生职业规划</td><td rowspan="2">产品打包销售,为企业提供一站式服务
产品包装精美、格式化</td><td rowspan="2">产品的质量不好
信效度指标不高</td></tr>
<tr><td>诺姆斯达</td><td>测评工具</td></tr>
<tr><td>数银英才</td><td>测评工具</td><td rowspan="4">格调高雅:产品定位于企业白领和管理人员,能够将流行理念加入测验中
价格便宜:公司的领导具有宣传效力</td><td rowspan="4">技术力量薄
测验过度重视潜在素质或能力,而不是真实的工作技能
无差异竞争导致竞争激烈,同行间存在恶意攻击</td></tr>
<tr><td>前程无忧(51job)</td><td>MAST 在线测评系统</td></tr>
<tr><td>智鼎</td><td>评价中心</td></tr>
<tr><td>凯沃</td><td>PDP 企业人力资源诊断系统、九型人格</td></tr>
<tr><td rowspan="6">国际测评机构</td><td>托马斯国际</td><td>PPA(行为特征分析)</td><td rowspan="6">与外企关系密切
技术先进
常模数据齐全</td><td rowspan="6">对中国社会环境和企业运作模式比较陌生
难以进入机要领域,对本土化重视不够
价格昂贵</td></tr>
<tr><td>善择</td><td>15FQ+(人格因素问卷加强版)</td></tr>
<tr><td>SHL</td><td>全方位测评工具</td></tr>
<tr><td>ASSESS</td><td>ASSESS系统(胜任力模型的构建与测量)</td></tr>
<tr><td>人事决策国际公司(PDA)</td><td>领导力测评
领导力发展与培训</td></tr>
<tr><td>DDI</td><td>领导力发展评价中心
接班人计划绩效管理
培训师认证</td></tr>
</table>

（一）政府测评机构

人事部全国人才流动中心是中华人民共和国人事部直属的专门从事全国人力资源开发与人才流动服务的综合性人才服务机构。它是以党政领导干部和国有企业领导人选拔考核为主要测评项目的组织部门的测评系统。主要客户是大型国有企业、政府部

门,例如,国家环保总局对外合作中心、国家知识产权局等。

(二) 国际测评机构

国际测评机构进入中国的步伐与跨国公司进入中国市场的步伐是一致的。事实上,很多跨国公司要求中国子公司使用与母公司一样的测评工具和常模。这些测评机构主要服务于外企和与外商有密切合作的大型企业,比如惠普、飞利浦、强生、阿尔卡特、拉法基、宜家、可口可乐、马士基、艾默生、康明斯、TNT、诺和诺德、美中互利、阿克苏诺贝尔等。

(三) 民间测评机构

国内进行人才测评服务的公司很多,但拥有自主研发能力的公司却寥寥无几。比较有代表性的公司有北森、前程无忧(51job)、智鼎、凯沃、诺姆斯达和数银英才。

四、测评方法和技术

要衡量一个人是否具有创业和创新素质以适合创业过程的需要,非常有必要对其进行创业能力素质测评,即利用科学的测评方法对测试者的知识技能、性格特征等进行测评。

(一) 履历分析

履历分析又称资历评价技术,是2006年来才被采用的测评新技术,指通过对评价者的个人背景、工作与生活经历进行分析,来判断其对未来岗位适应性的一种人才评估方法,是相对独立于心理测试技术、评价中心技术的一种独立的人才评估技术。近年来,这一方式越来越受到人力资源管理部门的重视,被广泛地用于人员选拔等人力资源管理活动中。使用个人履历分析,既可以用于初审个人简历,迅速排除明显不合格的人员,也可以根据与工作要求相关性的高低,事先确定履历中各项内容的权重,把申请人各项得分相加得总分,根据总分确定选择决策。

研究结果表明，履历分析对申请人今后的工作表现有一定的预测效果，个体的过去总是能从某种程度上表明他的未来。这种方法用于人员测评的优点是较为客观，而且成本低。

(二) 心理测验

心理测验是依据心理学理论，使用一定的操作程序，通过观察人的少数有代表性的行为，对贯穿在人的全部行为活动中的心理特点做出推论和数量化分析的一种科学手段。心理测验是判定个别差异的工具，个别差异包括很多方面，并可在不同的目的与不同的情境下去研究，这就使测验具有了不同的类别和功用。

1. 人格测验

人格测验主要用于测量性格、气质、兴趣、态度、品德、情绪、动机、信念、价值观等方面的个性心理特征，亦即个性中除能力以外的部分。主要的测量工具有 EPQ、16PF、MMPI 等。

(1)EPQ

艾森克人格理论(Eysenck's Personality Theory)是英国心理学家 H.J.艾森克提出的以人格结构层级说和三维度人格类型说为主要内容的人格理论，简称 EPQ。通用的 EPQ 是 1975 年制定的，它是一种自陈量表，有成人和少年两种形式，各包括 4 个量表。

该理论认为，人格是由行为和行为群有机组织而成的层级结构。最低层是无数个具体反应，是可直接观察的具体行为。较高层是习惯性反应，它是具体反应经重复被固定下来的行为倾向。再高一层是特质，是一组习惯性反应的有机组合，如焦虑、固执等。最高一层是类型，是由一组相关特质有机组合而成，具有高度概括的特征，对人的行为具有广泛的影响。他通过对人格问卷资料的因素分析研究，确定了人格类型的三个基本维度。根据外倾性维度可以把人格分为外倾型和内倾型；根据情绪稳定性可以把人格分为情绪型和稳定型；根据心理变态倾向可以把人格分为精神失

调型和精神整合性。

(2)16PF

卡特尔16PF(Cattell's 16 Personality Factor,简称16PF)又称卡特尔16PF测验,由美国伊利诺州立大学人格及能力研究所雷蒙德·卡特尔教授编制。卡氏采用系统观察法、科学实验法以及因素分析统计法,经过二三十年的研究确定了十六种人格特质,并据此编制了测验量表。卡特尔认为"根源特质"是人类的潜在、稳定的人格特征,是人格测验应把握的实质。16PF是世界上最完善的心理测量工具之一。16种个性因素在一个人身上的不同组合,构成了一个人独特的人格,完整地反映了一个人个性的全貌。它用以测量人们16种基本的性格特质,这16种特质是影响人们学习生活的基本因素。

卡特尔认为:人的行为之所以具有一致性和规律性就是因为每一个人都具有根源特质。为了测量这些根源特质,他首先从各种字典和有关心理学、精神病学的文献中找出了约4500个用来描述人类行为的词汇,从中选定171项特质名称,让大学生应用这些名称对同学进行行为评定,因素分析后最终得到16种人格特质。卡特尔认为这16种特质代表着人格组织的基本构成。

(3)MMPI

明尼苏达多项人格测验(Minnesota Multiphasic Per-sonality Inventory,简称MMPI)是由明尼苏达大学教授哈瑟韦(S. R. Hathaway)和麦金力(J. C. Mckinley)于20世纪40年代制定的自我报告式的个性量表。经过60多年的不断修订、补充,被翻译成100多种文字,在几百个国家里进行了使用,有关研究文献浩如烟海,已经发表的文献或专著超过万篇(本),至今已发展得极为成熟。它从多个方面对人的心理进行综合的考察,是世界上被使用次数最多的人格测验之一。MMPI于80年代被引进中国,中国科学院心理研究所组织了标准化修订工作,经过几十年的发展和修

正完善，MMPI 在中国得到了广泛运用。

(4)PDP 性格测试

PDP 是一种提供简明直接程序以测量自我觉察的主要方面的动力测验系统。它展现出个人的“自然本我的基本行为”、“对环境的反应一即工作中的行为”和“可预测的行为模式一即未来的行为模式”。PDP 是一个针对社会中正常人的问卷调查。也就是说它针对没有病理上问题的人。换言之，如果是一个有心理问题的人，建议他去寻找专业心理医生咨询可能是更适当的。PDP 在全球已有 1600 万人次有效计算机案例；5000 余家大型企业、研究机构与政府组织。

PDP 本土化后，张曼琳女士将 5 种动物(老虎、孔雀、鸽子、猫头鹰、变色龙)与古今中外名人整合研究，讲述了有关“成功领导学”案例研究。

(5)霍兰德职业兴趣理论

约翰·霍兰德(John Holland)是美国约翰·霍普金斯大学心理学教授，美国著名的职业指导专家。他于 1959 年提出了具有广泛社会影响的职业兴趣理论。认为人的人格类型、兴趣与职业密切相关，兴趣是人们活动的巨大动力，凡是具有职业兴趣的职业，都可以提高人们的积极性，促使人们积极地、愉快地从事该职业，且职业兴趣与人格之间存在很高的相关性。霍兰德认为人格可分为现实型、研究型、艺术型、社会型、企业型和常规型六种类型。

霍兰德的职业兴趣理论还提出，兴趣是描述人格的另一种方法，是职业选择中一个更为普遍的概念。在霍兰德的理论中，人格被看作是兴趣、价值、需求、技巧、信仰、态度和学习个性的综合体。就职业选择而言，兴趣是个体和职业匹配的过程中最重要的因素，直至目前，霍兰德职业兴趣理论是最具影响力的职业发展理论和职业分类体系。

2. 能力素质测验

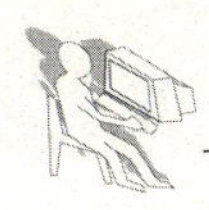

能力是我们经常提及的一种心理现象。有人思维敏捷，有人过目不忘，有人想象力很丰富。那么什么是创业能力呢？创业能力是指顺利完成创业活动所必须具备的一种行动特质，也是人们顺利完成创业活动的必要条件。人的能力是在活动中形成和发展起来的，并在活动中得以表现，如管理能力、组织能力、预测能力、交往能力等。同时，从事创业活动又必须有一定的创业能力作为条件和保证，如创业者要进行企业公关，就必须要求创业者有较强的口头表达和人际交往能力；而从事企业文秘工作要有较强的文字能力等。

能力倾向指的是一个人的潜能，即能力的发展前景及未来可能的潜在成就。人才创业素质测评更注重一个人的创业能力倾向，包括思维能力、创造力、智力、人际交往能力、适应能力等。

能力素质测试常用的有如下几种方法。

(1)智力测验

智力测验是有关人的普通心智功能的各种测验的总称，又称普通能力测验，编制这类测验的目的是为了综合评定人的智力水平。智力测验有各种类型，如个人智力测验、团体智力测验、特殊人口用的测验以及学习能力测验等。心理学家强调测验的标准化，认为智力是对受测验者在某些工作中操作水平的描述性标记。智力测验多数以言语推理测验为主要内容，如对词汇、词的异同及类比等项目进行测量，另外，还包括一些测量一般常识、数值推理、记忆以及感知技能与组织技能的项目。

例如：12 个金币外貌特征完全相同，只有其中一个重量异常，并且不知其轻重(轻或重，都有可能)。现在要求用一部没有砝码的天平称三次，将那个重量异常的金币找出来。(这是一道有相当难度的测试题，因为只有三次使用天平称的机会，能展现答题者较强的智力和逻辑推理能力)

(2)反映能力测验

你正在参加赛跑，几经辛苦，你终于超过第二位的健儿，请问你现在是第几位？如果你跑呀跑，超过最后一名，那你现在排第几？

数学心算题，不准用笔、纸或计数器，只可以心算。1 000 加上 40 再加 1 000 再加 30 再加 1 000 又再加 20 现在再加 1 000 再加 10 的总和是多少？马上回答！

能力测试还包括语言能力测试，创造力测试，交际能力测试，洞察力测试等众多能力素质测试。关于心理测验的众多类型，以上是按测试的内容划分，还可以按照对象的特点分为个人测验和团体测验；按照测验的表现形式分为文字的和非文字的；按照测验的目的分为诊断性的和预测性的；按测验的时间分为有要求速度的测验和难度测验；按测验的要求分为最高作为测试和典型行为测试。例如：能力测试就属于最高作为测试；人格测试则属于典型行为测试。

（三）纸笔测验和操作性测验

纸笔测试，即笔试，是一种与面试对应的测试，是考核应聘者学识水平的重要工具。这种方法可以有效地测量应聘者的基本知识、专业知识、管理知识、综合分析能力和文字表达能力等素质及能力的差异。

笔试在员工招聘中有相当大的作用，尤其是在大规模的员工招聘中，它可以一下子把员工的基本活动了解清楚，然后可以划分出一个基本符合需要的界限。

笔试的优点是一次能够出十几道甚至上百道试题，考试的取样较多，对知识、技能和能力的考核的信度和效度都较高，可以大规模地进行分析，因此，笔试花时间少、效率高、被测试者心理压力较小、较易发挥水平（尤其是论述题），成绩评定相对比较客观。

笔试的缺点主要表现在不能全面地考察应聘者的工作态度、品德修养以及组织管理能力、口头表达能力和操作技能等。因此，

笔试虽然有效，但还必须采用其他测评方法来补充，如行为模拟法、心理测验法等，以补其短。一般来说，在企业组织的招聘中，笔试作为应聘者的初次竞争，成绩合格者才能继续参加面试或下一轮测试。所以出题者要根据企业对人才的需求来设计和权衡考题的内容及难易程度，最大限度地为下一轮测试提供筛选余地，从而为企业甄选出合适的人员。

随着计算机技术在人事测评中的应用推广，在答题、计分和统计分析方面都有了不断提高，使之更加迅捷、更加便利。而且还可以实现远程的测评，大大节省了测评的成本。

1. 专业知识测试

现在任何测试中都不会少了专业知识测试，它以范围广、知识新、针对性强等特点，被广泛应用于各个行业企业的招聘中。

2. 综合知识测试

综合知识测试涉及面广，知识来源复杂，而且不同单元、不同职业可以有不同的侧重点，因此，准备起来比较困难。在各种工作环境中经常会遇到，并且越来越受到人们重视的测试内容主要包括时事政治、公共关系、社交礼仪、人际技巧、环保知识、法律知识、跨文化知识等。

3. 外语知识测试

近几年实施外语测试的企业逐渐增多，不仅是外企，即便是一些中小企业，为了能够尽快掌握国外先进的技术、管理经验等，也经常派人出国参观、考察、实习；另一方面，在工作中，企业也常常需要一些熟练阅读和翻译外语资料的工作员工，尤其在当今网络时代，信息往往是一个企业的生命，所以，对应试者外语专业水平的需要显得更为迫切。有些特殊岗位，由于岗位的需要进行操作性的测验，例如，对有些精密仪器的技术工人的选拔非常看重手指的灵活性和动作的精准性。

（四）面试

面试是人才测评中最常用的方法，在我国的应用非常普及。面试技术基于“能力导向”，对人才素质标准的“德”和“才”同时进行考察，通过在特定时间、地点，在主考官面前，由被测者用口述方式回答问题，来了解被测者的素质特征、能力状况以及其他方面的情况。面试技术可分为结构化面试和非结构化面试两种。非结构化面试没有固定模式和测评内容，也没有固定的评分程序，以总体印象和判断作为人事决策的依据；结构化面试是根据职位胜任要求，运用特定评价内容、方法和评价标准，严格遵循固定程序，通过测评人员与被测者面对面的言语交流，对被测者的职业素质进行评定的标准化测评技术。结构化面试是在吸取标准化心理测试的科学方法基础上发展起来的测评方法。因此，它比非结构化面试具有更高的信度和效度。然而，目前我国面试的结构化程度还比较低。

面试有很多优势，面试过程中的主动权主要控制在评价者手中，具有双向沟通性，可以获得较为丰富、完整和深入的信息，并且面试可以做到内容的结构性和灵活性的结合。但面试与心理测验相比，容易受评价者的主观影响，信效度偏低，多人面试时耗时较长；但是，面试可以考察出很多个人素质，如：仪表风度、专业知识、工作时间及经验、口头表达、逻辑分析、反应能力与应变能力、人际交往能力、自我控制能力与情绪稳定性、工作态度、上进心与进取心等。面试可以分为以下三种。

1. 结构化面试

结构化面试主要用于中低层岗位的选拔。在细致全面的职位分析基础上，针对岗位要求的要素提出一系列设计好的问题，参考求职者的言语表达、综合分析、应变能力、组织协调等多方面的行为指标，观察其在特定情境下的情绪反应和应对方略，并作出量化分析和评估。

2.半结构化面试

半结构化面试与结构化面试的区别在于：面试的过程中，考官可以根据丰富的经验对被试者进行追问，深入挖掘被试者的潜力，以提高面试的信度与效度。该技术在岗位胜任特征分析的基础上，提炼岗位的素质特征，进行针对性的题目设计，与被试者进行深入的交流，其面试的效果好于结构化面试技术，一般用于中高层岗位的选拔。

3.压力面试

压力面试是指有意制造紧张，以了解求职者将如何面对工作压力。面试者通过提出生硬的、不礼貌的问题故意使候选人感到不舒服，并针对某一事项或问题进行一连串的发问，打破砂锅问到底，直至无法回答。其目的是确定求职者对压力的承受能力、在压力前的应变能力和人际关系能力。

（五）评价中心测试

评价中心技术是一种相对较新的人才测评技术，兼顾“能力”和“业绩”，从人才素质标准的“德”、“才”双方面同时进行考察。其主要特点是工作情景模拟并综合运用多种评价方法、多种评价源，来评价受试者的某些特质。评价中心技术具体包括情景模拟、公文筐测验、无领导小组讨论、作文和演讲等。情景模拟是将受试者置于特定的模拟现实的环境中，采用多种测评技术来观察受试者的行为反应。对其岗位胜任特征作出判断，因此其最大特点是能创设动态的、较真实的环境条件来观察受试者在当时情景中的心理和行为反应，使测评结果更为客观、真实。尽管评价中心效度较高，但一方面，评价中心技术适用面窄，主要用于测评管理人才，尤其是高层管理人才；另一方面，评价中心技术所需要的费用也较高。

（六）未来的测评方法

综观上述当前我国常见的主要人才测评方法，我们可以看出：

虽然这些方法本身基本都是从西方引入的舶来品，但是其对于人才素质标准的假设与我国现阶段对人才素质标准定量化的努力，不断强调“能力”和“业绩”导向的趋势不谋而合。这也正是现代人才测评能在现阶段大受欢迎、备受推崇的重要原因。然而，人才素质标准的发展并不仅仅是要求其定量化。人才素质标准的细分化也将是人才素质标准演化的趋势。随着社会经济的发展分工越来越细，人才越来越不可能是“通才”，而必须是某一领域的“专家”。于是，人才素质标准从定量化走向细分化和定量化结合是未来人才素质标准发展的必然趋势。而我国的人才测评也必将向着与被测岗位规范密切结合这一总的趋势发展。然而，令人十分遗憾的是，以上几种人才测评方法与被测岗位的结合不紧密、更不系统，很难适合未来人才测评工作的要求。那么未来人才测评会是什么样的呢？基于能力素质特征的人才测评将会是方向所在。通过综合利用心理测验、面试、评价中心技术等手段，人才测评将能发现真正适合本岗位的人才。

第三单元　如何选择创业机会

寓言故事导读两则

1. 不能飞起来的蝴蝶

有一个人看到一只茧上裂开了一个小口，一只蝴蝶在艰难地将身体从茧的小口中一点点地挣扎出来，很长时间过去了，蝴蝶似乎没有任何进展。这个人决定帮助一下蝴蝶：他用剪刀小心翼翼地将茧破开。蝴蝶很容易地挣脱出来了。但是它的翅膀紧紧地贴着身体……他接着观察，期待蝴蝶能打开翅膀飞起来……然而，这一刻始终没有出现！实际上，这只蝴蝶永远也不能飞起来了。这个好心好意的人并不知道，蝴蝶从茧上的小口挣扎而出，是蝴蝶成长的必需过程，通过这一挤压过程将体液从身体挤压到翅膀，它才能在脱茧而出后展翅飞翔……

2. 小蜗牛的故事

小蜗牛问妈妈：为什么我们从生下来，就要背负这个又硬又重的壳呢？

妈妈说：因为我们的身体没有骨骼的支撑，只能爬，又爬不快。所以要这个壳的保护！

小蜗牛：毛虫姐姐没有骨头，也爬不快，为什么她却不用背这个又硬又重的壳呢？

妈妈：因为毛虫姐姐能变成蝴蝶，天空会保护她啊。

小蜗牛：可是蚯蚓弟弟也没骨头爬不快，也不会变成蝴蝶，他为什么不背这个又硬又重的壳呢？

妈妈：因为蚯蚓弟弟会钻土，大地会保护他啊。

小蜗牛哭了起来：我们好可怜，天空不保护，大地也不保护。

蜗牛妈妈安慰他：所以我们有壳啊！我们不靠天，也不靠地，我们靠自己。

一、创业者与创业机会

（一）创业者的基本特征

如果生命中没有障碍，我们就会很脆弱，不会像现在这样强壮。创业——就是毫无畏惧地直面所有障碍和困境，在克服困难中练得强壮，在解决问题中变得智慧，创造我们所祈求的辉煌！创业——我们不靠天，也不靠地，我们靠自己！

英国的科林·巴罗在《小型企业》一书中提出小企业人的6个特点：

①全身心投入，努力工作　②接受不确定性

③身体健康　④自我约束

⑤独创性和敢冒风险　⑥计划与组织能力

美国的唐·多曼在《事业革命》一书中提出了创业者的5种人格特征：

①愿意冒风险　②能分辨出好的商业点子

③决心和信心　④壮士断腕的勇气

⑤愿意为成功延长工作时间

美国的第姆·伯恩在《小企业创业蓝图》一书中提出了对企业家的四点要求：

①信心　②专门知识

③积极主动的态度　④恒心

我国的创业应具备哪些基本特征呢？

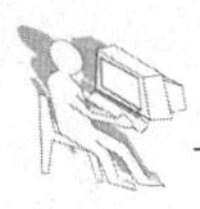

除了健康的身心素质外，还要有以知识素质为支撑的各种能力素质。如：学习创新能力、判断分析决策能力、识人用人能力、人际交往能力和经营管理能力等。

1. 学习创新能力。创业者要善于学习，根据客观情况的变化，及时提出新目标、新方案，不断开拓新局面，创出新路子。只有不断学习、善于学习，创业者才能具有广博的知识、扎实的专业基础知识、熟练的专业技能、丰富的实践经验、良好的心态，从而形成自己创新求异的精神、卓越不凡的远见、“个性化”的超前意识。逐渐提高自己观察事物的敏锐性，提升自己的创造创新能力，去创办有“个性”特色的企业，实现自己的创业梦想。

2. 判断决策能力。判断决策来自于对主客观环节条件的科学分析。创业机会分析就是要从众多的创业目标中分析比较，选择出最适合发挥自己特长与优势的创业方向和途径。良好的决策能力是良好的分析能力加果断的判断能力。

3. 识人用人能力。创业成功离不开团队力量，但更多层面上取决于领导者本人。创业者是企业的领导，领导的基本职能一是决策，二是用人。人力资源是企业的核心资源，要把企业经营好，核心问题是物色挑选人员，组建一个合适的创业团队。创业者要有善于用人的“领袖精神”，因为领袖这种精神是创业的无形资本。“一只狮子带领的绵羊部队能战胜一只绵羊带领的狮子部队”，这一古老的西方谚语说明了创业者领袖精神的重要性，创业者应该是狮子，而不是绵羊。

4. 人际交往能力。人脉圈日益成为创业信息、资金、经验的“蓄水池”，有时甚至在商业活动中能起到四两拨千斤的神奇功效，“朋友经济”在招商中的作用日益显现，人际关系在创业中的作用不可忽视。北京大学“中国金融投资家俱乐部”的成员多数是投资公司老板、证券商、银行家以及政府部门金融方面官员，他们手中掌控着 1200 亿元资本和无限商机。扩大社交圈、提高自身人际交

往能力，是创业者永不下课的课堂；通过朋友掌握更多信息、寻求更大发展，是每个创业者实现成功创业的捷径。

5. 经营管理能力。创业者要学会内部管理——管好“人、财、物、事、时空、信息”这些资源，特别是协调好下属各部门成员之间关系，使之同心协力来创业；学会企业经营——妥善处理与公众（政府部门、新闻媒体、客户等）之间的关系，取得各方支持，实现效益最大化的初创企业经营目标。

当然，这并不是要求创业者必须完全具备这些能力才能去创业，但创业者本人至少要在实践中不断学习，提高自己的实战能力，才能成为一个成功的创业者。要特别强调一下集中核心能力，在创业的第一步识别适合自己的创业机会。

（二）什么是创业机会

爬楼梯的启示

有一对兄弟，家住60层楼上。有一天他们外出旅行回家，发现大楼停电了！虽然他们背着大包的行李，但看来没有什么别的选择，于是就爬楼梯上去。爬到20楼的时候他们开始累了，哥哥说：“包包太重了，不如这样吧，我们把包包放在这里，等来电后坐电梯下来拿。”于是，他们把行李放在了20楼。轻松多了，继续向上爬。终于到了60楼！兴奋的兄弟俩发现进屋的钥匙留在20楼的包包里了。

站到终点，怅然若失，这一生最宝贵的东西都留在了20岁的行囊里，没有打开梦想就走完了本来可以轰轰烈烈的一生。但是，岁月如流水，怎能再度回到20岁？

思考：这一对兄弟在基本素质方面缺少什么？

创业机会是通过把资源创造性的结合起来，满足市场的需要，从而创造价值的一种可能性。

创业机会有其自身的四个特征：

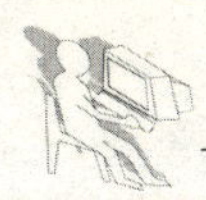

吸引力——代表一种顾客渴望的未来状态，很能吸引顾客。所以创业机会一定是一个有吸引力的创意。

持久性——有一定的时间长度来开发机会和交付价值。

适时性——好的创业机会必须在竞争者还没有把创意付诸行动、并把产品推向市场的时候实施，否则就没有机会了。

价值创造——创业是一项为社会为顾客创造价值的活动，如果一项产品或服务不能为顾客带来价值，反而增添麻烦，那么肯定不构成创业机会。

对照创业机会的四个特征，看看以下九句常用语中是否都隐含着许多创业的商机？

物以稀为贵——短缺是经济活动牟利的第一动因，空气不短缺，可在高原或在密封空间里，空气也会是商机。一切有用而短缺的东西都可以是商机：技术、真情、真品、知识……

时间就是金钱——在需求表现为时间短缺时，时间就是商机。飞机比火车快，激素虽不治病却能延缓生命，它们都有商机存在。

水往低处流——在需求的满足上，能用更低成本满足时，低价替代物的出现也是商机。这是价格与成本商机。

江山易改，懒性难移——花钱买个方便，所以“超市”与“小店”并存。手机比电话贵，可实时性好。这是方便性商机。

周而复始，永续不完——人们的生存需求，吃、穿、住、行每天都在继续，只要有人就永续不完。这是通用需求商机。

天生某物必有用——一旦司空见惯的东西出现了新用途定是身价大增，板蓝根能防“非典”，醋能消毒，涨！赚！这是价值发现性商机。

螳螂捕蝉，黄雀在后——人们总是急功近利，盯住最终端，不择手段。比如挖金矿时，不会计较卖“水”的价格，结果黄金没挖着，肥了“卖”水的。这是中间性商机。

一荣俱荣，一损俱损——由于需求的互补性、继承性、选择性，

决定了地区间、行业间、商品间的关联性。如电信繁荣，IT 需求旺盛，IT 厂商赢利，众多配套商增加，增值服务商出现，电信消费大众化。这是系统性商机。

风雨过后是彩虹——由重大的突发危机事件引起的商机。

由此可见创业商机无处不在，“世上无难事，只怕有心人”。

商机来自于问题——创业的根本目的是满足顾客需求。而顾客需求在没有满足前就是问题。寻找创业机会的一个重要途径是善于去发现和体会自己和他人在需求方面的问题或生活中的难处。许多人尤其是老一代经商的人都知道，吃是永恒的需要，这就是永恒的市场，当然就有永恒的生意。人要吃的东西很多，光是这“吃”字就可以做出很多文章来。不光是吃，在人们的其他基本生活需要方面，我们也同样可以做出很多文章来。

商机来自于变化——创业的机会大都产生于不断变化的市场环境，环境变化了，市场需求、市场结构必然发生变化。著名管理大师彼得·德鲁克将创业者定义为那些能“寻找变化，并积极反应，把它当作机会充分利用起来的人”。这种变化主要来自于产业结构的变动、消费结构升级、城市化加速、人口思想观念的变化、政府政策的变化、人口结构的变化、居民收入水平提高、全球化趋势等诸方面。比如居民收入水平提高，私人轿车的拥有量将不断增加，这就会派生出汽车销售、修理、配件、清洁、装潢、二手车交易、陪驾等诸多创业机会。

商机来自于创新——创造发明提供了新产品、新服务，更好地满足顾客需求，同时也带来了创业机会。比如随着电脑的诞生，电脑维修、软件开发、电脑操作的培训、图文制作、信息服务、网上开店等等创业机会随之而来，即使你不发明新的东西，你也能成为销售和推广新产品的人，从而给你带来商机。随着健康知识的普及和技术的进步，围绕“水”就带来了许多创业机会，上海就有不少创业者加盟“都市清泉”而走上了创业之路。

商机来自于竞争——如果你能弥补竞争对手的缺陷和不足，这也将成为你的创业机会。看看你周围的公司，你能比他们更快、更可靠、更便宜地提供产品或服务吗？你能做得更好吗？若能，你也许就找到了机会。

商机表现为需求的产生与满足的方式在时间、地点、成本、数量、对象上的不平衡。当你寻找到了“合适的产品、合适的客户、合适的价格、合适的时间、合适的渠道”，商机就会转化为财富。

二、学会发现创业机会

你若已经创业，你在创办企业前是怎样捕捉到商机的？你若正准备创业，你要怎样捕捉商机创办你的企业？先看下列案例导读，再来讨论以上问题。

李维斯的故事

美国人李维斯跟着一大批人去西部淘金，途中被一条大河拦住了去路，许多人感到愤怒，但李维斯却说“棒极了！”他设法租了一条船给想过河的人摆渡，结果赚了不少钱。不久摆渡的生意被人抢走了，李维斯又说“棒极了！”因为采矿出汗很多饮用水很紧张，于是别人采矿他卖水，又赚了不少钱。后来卖水的生意又被抢走了，李维斯又说“棒极了”，因为采矿时工人跪在地上，裤子的膝盖部分特别容易磨破，而矿区里却有许多被人抛弃的帆布帐篷，李维斯就把这些旧帐篷收集起来洗干净，做成裤子，销量很好，“牛仔裤”就是这样诞生的。

评析：李维斯将问题当作机会，最终实现了致富梦想，得益于他乐观、开朗的积极心态和在平凡的生活中适时发现了能满足顾客需要的创造价值的机会。

（一）学会识别创业机会

“不怕没有机会，就怕没有眼光”，创业是发现市场需求，寻找市场机会，通过投资经营企业满足这种需求的活动。创业需要机会，机会要靠发现，在茫茫的市场经济大潮中怎样发现创业机会呢？

创业机会识别的步骤：

机会的搜寻——创业者对整个经济系统中可能的创意展开搜索，发现哪些创意可能是潜在的商业机会，具有潜在的开发价值。

机会的识别——从创意中筛选出合适的创业机会。通过对整体市场环境和一般的行业分析，判断该机会是否在广泛意义上属于有利的商业机会；考察这一机会对于自己来说是否有开发价值。

机会的评价——对选中机会的各项财务指标和创业团队的构成进行考察，然后确定是否正式组建公司进行创业。其实机会评价是伴随整个机会识别过程的，只不过在机会开发的后期这种评价变得比较规范，并集中于机会的商业价值。

具体地说，创业机会识别可以考虑以下步骤。

第一，要确定你新创公司的市场在哪里，要搞清楚市场是什么、你新创公司在市场价值链的哪一端。第二，知道自己的市场定位后，就要分析该市场的抑制、驱动因素。要意识到影响这个市场的环境因素是什么，哪些因素是抑制的，哪些因素是驱动的；哪些因素是长期的，哪些因素是短期的。如果抑制因素是强大且长期的，那就要考虑这个市场要不要进入。第三，找出市场的需求点。要对市场进行分析、对市场客户进行分类，了解每一类客户的增长趋势。如中国的房屋消费市场增长很快，但有些房屋消费市场却增长很慢。这就要对哪段价位的房屋市场增长快，哪段价位的房屋市场增长慢做出分析。哪个阶层的人是在买这一价位的，它的驱动因素在哪里。了解清楚客户的关键购买因素是什么。第四，做市场供应分析。有多少人在为这一市场提供服务，在整个价值

链中，有哪些是你的合作伙伴而不是竞争对手。如奶制品市场中，有养奶牛的，有做奶产品的，有做奶制品分销的，若公司要做奶制品分销，那前两个上游企业都是合作伙伴。第五，找出新创空间机遇。供应商如何去覆盖市场中的每一块？供应商不能满足的，而你能填补这一空白，这就是创业机会。第六，创业模式的细分。知道了市场中需要什么，关键购买因素是什么，以及市场竞争中的优劣势，就能找出新创公司竞争需要具备的优势是什么，可以根据要做成这一优势所需的条件来设计商业模式。

（二）识别创业机会的方法

思科公司的创立

20 世纪 70 年代，斯坦福大学商学院的桑德拉·莱纳和计算机科学系的伦纳德·博萨克想通过电子邮件互相发情书，但他们各自院系使用不同的计算机网络。所以他们充满热情而执著的发明了路由器。1984 年，他们组建了思科公司，路由器使思科公司一度成为成长最快的企业。2004 年，也就是思科创建 20 年后，思科价值达 1620 亿美元。

1. 观察趋势法

经济力量、社会力量、技术进步、政治活动和制度变革，是创业者要遵循的最重要的趋势。创业者应该通过趋势带来新问题的分析，来识别问题中蕴藏的创业机遇！

2. 环境分析法

创业环境关系创业的成败，必要的环境分析有助于你创业计划的制订。环境分析的内容可参考波特的“五种环境因素”和“企业竞争模型”，分析的技术，可参考使用“SWOT” 方法。通过环境分析来识别创业机会，是降低创业风险的一条必由路径。

3. 功能分析法

产品的功能是产品存在的目的，也是产品创新的核心。通过

“功能扩展法”,对附属功能设计进行重新定位,实现产品创新,识别创业机会。如:菜刀的功能是“切”,附属功能有“拍、刮、割、压、盛、铲”等。若在刀背上设计锯齿,就进一步满足了“刮”的功能。还可以通过“功能联想”、“功能组合”、“功能削减”等方面的功能分析,发现市场机会、增加产品价值。

4. 理论分析识别法

(1)波特的五种竞争力模型

国际著名战略学家迈克尔·波特(Michael E. Porter),把主导一个产业的竞争因素划分为五种力量:产业内现有企业的竞争、新进入者的威胁、供应商讨价还价的实力、购买商讨价还价的实力、替代产品或服务的威胁(见图 3.1)。

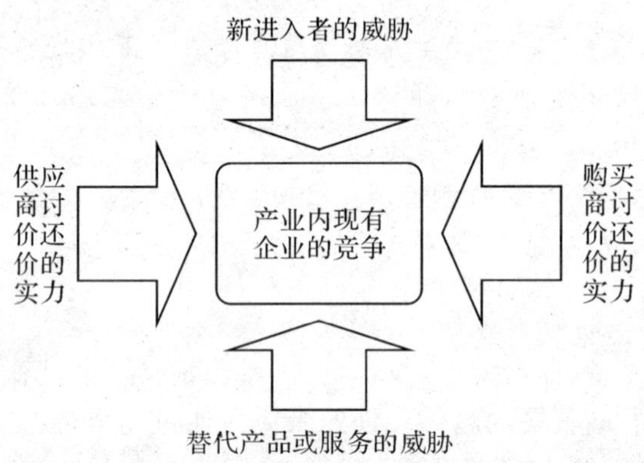

图 3.1　波特的五种竞争力模型

(2)SWOT 分析

SWOT 分析(SWOT Analysis)是对创业组织存在的优势与劣势、面临的机会与威胁进行整合分析的方法。在 SWOT 中,S 代表优势(Strength);W 代表劣势(Weakness);O 代表机会(Opportunity);T 代表威胁(Threat)。通过创业者自身因素分析确认优势与劣势;通过外部环境分析,判断面临的机会与威胁。把

四方面的因素结合起来考虑，以确定创业企业的发展战略，可以用SWOT分析（见表3.1）。

表3.1 SWOT分析

自身因素 外部环境	自身优势 strength	自身劣势 weakness
外部机会 opportunity	当自身优势遇上外部机会时 S O 增强型战略	当自身劣势遇上外部机会时 W O 转型战略
外部威胁 threat	当自身优势遇上外部威胁时 S T 多样化经营战略	当自身劣势遇上外部威胁时 W T 防御型战略、退出型战略

三、学会筛选创业机会

自由女神像大修废料的利用

美国闻名于世的自由女神铜像，曾在经历百年风化后进行了翻新大修，留下了200吨废料。清理垃圾工作量大，费用又很昂贵，成了难题。商人斯塔克获知后，意识到这是一大经营机遇。经过巧妙的开发与营销策划，斯塔克申请承包了被人视为垃圾的废料清理工作。他把废料全部运回工厂，把废铜改铸成纪念像、纪念币，水泥碎块加工成小型纪念塔，废配木装在精美的盒子里，作为源于自由女神神圣的一部分，充作特殊纪念品高价出售。结果，人们争相竞购这些极具文化价值的产品。

思考题：商人斯塔克“自由女神像大修废料利用”事例对你识别和筛选创业机会有何启发？

（一）什么是创业机会的筛选

所谓创业机会的筛选，就是在创业机会识别的基础上确定适

合自己的创业项目的过程。

在现实经济生活中，适用于某个特定的创业者的创业机会并不是很多。创业者需要经过一层又一层筛选，在众多机会中筛选出真正适合自己的创业机会。一般而言，较好的创业机会多有五个特点：一是在前景市场中，前5年中的市场需求会稳步快速增长；二是创业者能够获得利用该机会所需的关键资源；三是创业者不会被锁定在"刚性的创业路径"上，而是可以中途调整创业的"技术路径"；四是创业者有可能创造新的市场需求；五是特定机会的商业风险是明朗的，且至少有部分创业者能够承受相应风险。面对较好的创业机会，特定的创业者需要回答四个问题：一是你能否获得自己缺少但又被他人控制的资源；二是遇到竞争时，自己是否有能力与之抗衡；三是是否存在你可能创造的新增市场；四是该创业者是否有能力承受利用该机会的各种风险。创业者选择了适当的创业机会，还需要在"适当的时间段"内启动创业、进入市场。换言之，特定的创业机会仅存在于特定的时段内，创业者只有在这个时间段内启动创业、进入市场，才有可能获得相应的商业回报。反之，如果创业者在特定的创业机会过去之后行动，那就可能血本无归。

期盼成功的创业者必须在别人还没有醒悟过来之前就去发现机会、辨识机会、选择机会，瞄准创业项目的时间段，一头扎进去，才可能大展身手。

浙江民间投资者在投资项目的方向选择上有如下经验。

大型不如小型。大型项目运行后，单位成本，技术基础强容易形成支柱产业，但资金需求量大，管理经营难度大。而一般投资者，只要是做民间性质的投资就宜选择投资小，见效快，技术难度系数低的投资项目。

重工不如轻工。重工业是国民经济发展的基石，轻工业却是发展的龙头。重工业投资周期长、耗资多、回收慢，一般不是民投

资本角逐的领域。无论是生产加工，还是流通贸易，经营轻工产品尤其是消费品，风险小，投资强度、难度小，容易在短期内见效，因此特别适合民间资本。

用品不如食品。民以食为天。食品市场是一个十分庞大而持久不衰的热点，而且政府除了技术监督、卫生管理外，对食品业的规模、品种、布局、结构，一般不予干涉。食品业投资可大可小，切入容易，选择余地大。

男人不如女人。市场调查表明，社会购买力70%以上是掌握在女人手里，女人不但掌握着大部分中国家庭的“财政大权”，而且相当部分商品是由女人直接消费的。市场目标对象定向女人，你会发现有更多的机会。

大人不如小孩。中国的儿童消费市场很有特色，儿童用品包含了儿童成长不同时期消费。儿童消费市场大，随机购买性强，加上容易受广告、情绪、环境的影响，向这种市场投资是一种富有生命力的选择。在中国，满足了孩子的需求，在很大程度上就是满足了他们父母的需求。

做生不如做熟。俗话说“隔行如隔山”，投资自己一无所知的行业，需要特别慎重。选择自己熟悉的行业，就能拥有更多的信息，知道为什么商品有市场、有前途，知道不同产品的优劣及消费者的要求，知道市场发展的方向，就能够做出正确的判断与决策。

多元不如专业。品种丰富，大众买卖，这是一般投资者的思维定势。专业化生产及流通容易形成技术优势和批量经营优势，如近年闻名遐迩的义乌小商品市场。

（二）创业机会筛选的办法

蒂蒙斯筛选创业机会概括了一个八大类53项指标的框架。这些指标提供了一些量化的方式，使创业者可以对“行业与市场问题、竞争优势问题、经济结构和收获问题、管理团队问题、致命缺陷问题”作出判断，对这些因素加起来是否组成一个有足够吸引力的

商机作出判断(见表3.2)。

表3.2

行业与市场	1. 市场容易识别,可以带来持续收入。 2. 顾客可以接受产品或服务,愿意为此付费。 3. 产品的附加价值高。 4. 产品对市场的影响力高。 5. 将要开发的产品生命长久。 6. 项目所在的行业是新兴行业,竞争不完善。 7. 市场规模大,销售潜力达到1千万到10亿。 8. 市场成长率在30%—50%甚至更高。 9. 现有厂商的生产能力几乎完全饱和。 10. 在五年内能占据市场的领导地位,达到20%以上。 11. 拥有低成本的供货商,具有成本优势。
经济因素	1. 达到盈亏平衡点所需要的时间在2年以下。 2. 盈亏平衡点不会逐渐提高。 3. 投资回报率在25%以上。 4. 项目对资金的要求不是很大,能够获得融资。 5. 销售额的年增长率高于15%。 6. 有良好的现金流量,能占到销售额的20%以上。 7. 能获得持久的毛利,毛利率要到达40%以上。 8. 能获得持久的税后利润,税后利润率要超过10%。 9. 资产集中程度低。 10. 运营资金不多,需求量是逐渐增加的。 11. 研究开发工作对资金的要求不高。
收获条件	1. 项目带来的附加价值具有较高的战略意义。 2. 存在现有的或可预料的退出方式。 3. 资本市场环境有利,可以实现资本的流动。

续　表

竞争优势	1. 固定成本和可变成本低。 2. 对成本、价格和销售的控制较高。 3. 已经获得或可以获得对专利所有权的保护。 4. 竞争对手尚未觉醒，竞争较弱。 5. 拥有专利或具有某种独占性。 6. 拥有发展良好的网络关系，容易获得合同。 7. 拥有杰出的关键人员和管理团队。
管理团队	1. 创业者团队是一个优秀管理者的组合。 2. 行业和技术经验达到了本行业内的最高水平。 3. 管理团队的正直廉洁程度能达到的最高水准。 4. 管理团队知道自己缺乏哪方面的知识。
致命缺陷	不存在任何致命缺陷。
创业家的个人标准	1. 个人目标与创业活动相符合。 2. 创业家可以做到在有限的风险下实现成功。 3. 创业家能接受薪水减少等损失。 4. 创业家渴望进行创业这种生活方式，而不只是为了赚大钱。 5. 创业家可以承受适当的风险。 6. 创业家在压力下状态依然良好。
理想与现实的战略性差异	1. 理想与现实情况相吻合。 2. 管理团队已经是最好的。 3. 在客户服务管理方面有很好的服务理念。 4. 所创办的事业顺应时代潮流。 5. 所采取的技术具有突破性，不存在许多替代品或竞争对手。 6. 具备灵活的适应能力，能快速地进行取舍。 7. 始终在寻找新的机会。 8. 定价与市场领先者几乎持平。 9. 能够获得销售渠道，或已经拥有现成的网络。 10. 能够允许失败。

资料来源：杰弗里·蒂蒙斯《战略与商业机会》，华夏出版社 2002 年版。

三只毛毛虫的选择

第一只毛毛虫。有一天爬呀爬,爬过山河,终于来到这棵苹果树下。它并不知道这是一棵苹果树,也不知树上长满了红红的苹果。当它看到同伴们往上爬时,不知所以地就跟着往上爬。没有目的,不知终点,更不知生为何求、死为何所。它的最后结局呢?在树叶中迷了路,颠沛流离糊涂一生。不过可以确定大部分毛毛虫都是这样活着的,不去烦恼什么是生命的意义,倒也轻松。

第二只毛毛虫。它也爬到了苹果树下。确定了它的"虫生目标"就是找到一个大苹果。它猜想:大苹果应该长在大枝叶上。于是它就慢慢地往上爬,遇到分支的时候,就选择较粗的树枝继续爬。最后它发现大树枝上没有大苹果。另外几只毛毛虫爬过一个名为"创业"的树枝已找到了名为"老板"的大苹果。而这个创业树枝曾是它不屑于爬的一根细小的树枝。

第三只毛毛虫。它可不是一只普通的虫,它知道自己要何种苹果,更知道苹果是如何长成的。因此它的目标并不是一只大苹果,而是一朵含苞待放的苹果花。它计算着自己的时程,并估计当它抵达时,这朵花正好长成一只成熟的大苹果,而且它将是第一条钻入大苹果的虫。果不其然,它获得所应得的,从此过着幸福快乐的日子。

思考题:适合你的创业目标是什么?结合三只毛毛虫的故事,谈谈你的想法。

四、练习与延伸性阅读

(一) 选择创业机会练习

1. 对你所构思的企业进行 SWOT 分析。

①将你分析的你所构思的企业的各种因素分类填入表内。

内部能力 / 外部因素	内部优势 strength	内部劣势 weakness
外部机会 opportunity	1. 2. 3. 4. …	1. 2. 3. 4. …
外部威胁 threat	1. 2. 3. 4. …	1. 2. 3. 4. …

②将结果在 SWOT 分析图上定位，看看你所构思的企业当前应采取什么战略。

当内部优势遇上外部机会时 SO 增强型战略	当内部劣势遇上外部机会时 WO 转型战略
当内部优势遇上外部威胁时 ST 多样化经营战略	当内部劣势遇上外部威胁时 WT 防御型战略、退出型战略

（二）延伸性阅读

1.《创业的 36 条军规》节选。

《创业的 36 条军规》节选

第 1 条　创业者，人生之大事也，不可轻启。创业是带着一群未知的人去一个未知的地方干一件未知的事儿，九死一生，如果没有做好破釜沉舟的决心，最好不要启程。

第 4 条　创始人必须一直承受“非人待遇”，你需要给所有人交代，投资人、合伙人、下属、员工、帮企业的朋友。你永远无人可求助，你永远得撑着最后一片天，账上没有一分钱时也得做出腰缠万贯的样子，打落牙齿和血吞，这就是创始人的生活。

第 7 条　时时思考，事事复盘，不要在同一个地方跌倒两次。大多数的不知道该怎么办是因为没有深入思考过，大多数的错误是重复性错误，思考可以让你比团队更加胸有成竹，和团队一起复盘，重新回忆和分析当初是如何思考如何决策如何一步步成功或者失败的，这是最好的学习方式。

第 8 条　要有坚强的神经和摧不垮的心理素质。要做野地里贱养、放养的小红鼠，不能做温室里圈养的小白鼠。刮骨疗毒、壮士断腕，创始人必须有股“对自己的狠劲儿”，有坚强的神经和不可能被摧垮的心理素质，才能应对创业路上的千沟万壑。

第 9 条　先学会赚钱，再研究发展。不用担心“企业很赚钱但是模式不性感，价值有限”之类的说法，不要沉湎于“有了 1000 万用户后如何如何”之类的梦想。我相信，也许有不赚钱但有价值的企业，但是一定没有赚钱但无价值的企业，先让企业赚钱，这是创业的头等大事。

第 10 条　相信直觉，敢于拍板。成功的企业都有性格和灵魂，这是由其创始人注入的。创业路上，团队对模式、方向、战略有争议是正常的，作为创始人，要尊重自己的直觉，敢于相信自己的直觉，敢于坚持自己的直觉，敢于拍板。即便是拍板得有些偏差，也强于大家叽叽喳喳或群龙无首。

第 11 条　创业没有剧本，学会拥抱变化。作战计划再周详，枪声一响预案基本就没用了，所以军事上有一个词叫“指挥官意图”。创业路上，在坚持方向的同时，要学会理解和贯彻“指挥官意图”，提交给投资人或者董事会的商业计划是一回事，实际经营

应该主动根据市场反馈及时调整，适应变化。

第12条 早五分钟行动，留三分力在手，随时准备自救。五分钟就能决定战斗的胜负，想好了马上就动手，未雨绸缪是最有效的武器。牌再好也不要孤注一掷，不要寄希望于好运气，永远留有预备队是拿破仑百战百胜的绝招。不要指望投资人、朋友或者员工能够救你，随时准备自救方能长命百岁。

第13条 为谋生进行的创业大都是没有价值的。创业路上，日新月异自然好，关门大吉也不坏，最坏的情况是陷入死胡同了却不断投入资源苦苦维持。如果发现事情不可为，一定要敢于收手转型。转型不是失败，为了维持的维持才是最大的失败。今天我们看到的很多伟大企业都是转型而来。

第15条 不仅要想清楚怎么赚钱还要想清楚怎么赚大钱。企业的核心是赚钱的方式，即商业模式。企业要成功必须找到赚钱的模式，而且是简单、可复制的模式。模式要简单是因为只有简单的方法才能够被各级下属所执行，要可复制是要求模式的投入产出必须算得过账，投入必须能够创造利润。

2.《创新与创业精神》，作者：[美]彼得·F·德鲁克，译者：张炜，上海人民出版社2002年9月出版。

3.《创意开发方法》，作者：杨德林，清华大学出版社2006年7月出版。

4.《战略与商业机会》，作者：[美]杰弗里·蒂蒙斯，译者：周伟民，华夏出版社2002年出版。

第四单元　如何撰写创业计划

案例导读两则

1. 小胡和小姜的故事

高中毕业后干起家电维修的小胡和小姜，每天都以修收录机、电视机为生。小胡是一个经营上的"不安分者"，小姜是一个循规蹈矩的"老实人"。不久前，小胡又突发奇想，寻找到新的商机：他发现当地的农民用上了自来水后，将来就有可能使用洗衣机，有洗衣机便会有维修洗衣机的业务。于是，他买回本地市场上常见品牌的洗衣机供周围的人使用，让人们尝尝洗衣机的甜头，同时学习洗衣机的保养和维修。一年后，一台台洗衣机进入农村，维修业务几乎全被小胡包揽了。而小姜只能眼睁睁看着自己失去一次扩大维修范围的机会。

问题：怎样从他人的问题中发现机会？

2. 陈小姐的故事

陈小姐一门心思想做老板。她认为，个人创业必须有丰富的工作经验和一个好的项目。她选择了一个当时的朝阳项目——房地产租赁咨询。在办齐所有手续后，她勤勤恳恳努力工作，但她怎么也没想到，最初的 3 个月几乎没有生意，直到第 6 个月才稍有收入，可生意很不稳定，半年来，她赔了 3 万元。她开始动摇了，第 7 个月她关掉了公司。

导致陈小姐失败的原因很复杂，但其中一条重要原因就在于没有一个完整的创业计划。仔细分析陈小姐的案例，你会终生受益！

一、创业项目选择评估

（一）选择项目的标准

1. 市场前景：项目一定要有市场前景，潜在的市场价值大，符合现在的市场要求。

很多项目看似市场前景诱人，却是充满诱惑的陷阱。类似的项目如3G，××面条，××年赚百万，这些行业的确有市场前景，但绝对没有形容的那么夸张，而且不是所有人交钱就可以得到回报，项目要和当地市场、消费人群、项目周期等因素做综合的评估才可以决定。

2. 具有项目可行性：项目可行性分类，一类是项目本身的可行性，另一类是操作项目的人。

项目本身一定是有市场根基的，而且是要大众能够接受的，经得起市场考验的，这样的项目才是可行的，一些新、奇、特的项目，看起来不错，其实是空中楼阁，毫无发展前途和市场根基。

（二）项目的风险评估

做生意是有风险的，这是众所周知的道理，但是风险是不是在可控范围内呢？

这是做项目必须考虑的问题，项目的风险存在着很多不确定的因素，主要是项目本身的和项目运作过程中的，项目的风险系数、投资周期、投资回报率、项目的管理、宣传等等。

（三）选择项目的心态

1. 客观负责的心态：用客观事实来审视一个项目，考虑项目的

长期投资性和可操作性。不要人云亦云地跟风,更不要听信年赚百万的无稽之谈。

2.理性的投资经营心态:是不是适合自己,自己是不是有这方面的运作经验,是不是有做这个行业的兴趣。

(四)选择项目的时机

1.跟随历史潮流,把握商机:很多人之所以成功是因为他们都是顺应了历史潮流、把握商机的人,例如20世纪80年代的倒爷,90年代的电器、手机,21世纪的互联网……成功人士举不胜举,例如阿里巴巴的马云、百度的李彦宏。

2.找到切入的时间点:就好像农民种地一样,春天播种秋天收获。例如2000年以后的互联网,那个时候网络刚刚兴起,大家都在质疑。可阿里巴巴和网易等企业却在努力地酝酿,从而成就于2003年非典时期的爆发。

(五)产品项目的缺点

1.产品的生命周期:一种产品从生长到培育成熟,到消亡,也就短短几年。做产品项目的也就是产品的销售和运营盈利,在项目的开始阶段开始投入,在培育阶段开始投入,在成熟期开始收获,然后随着产品的消亡,公司也随之倒闭,这样的例子层出不穷。这是一个永远改变不了的话题,很多企业都是因为产品的生产周期和竞争退出了历史舞台。

2.产品是一个波形的经营过程:产品的经营都是从低谷逐渐上升然后再跌落低谷。这样一种产品在竞争和发展的过程中,利润被平均。

选择项目的四个必备条件,就是"大方向很好,小方向被验证,团队出色,投资回报率高"。关于大方向,主要是看这个方向五到十年是否长期看好。每个投资人都有自己独到的见解,关于投资回报的问题,早期风险投资成功项目回报的目标是十倍的收益,投资的关键问题主要在于具体方向和团队。

团队和方向两者相辅相成，缺一不可。也就是说，如果创业者能力不足，再好的方向和机遇也很难把握；如果创业者能力非常出色，但做的方向不对，也难成大器。具体如何评估一个创业项目，这里总结了十条标准供大家参考。

(1)团队：投资就是投人，人是最关键的因素。在商业社会里，人最重要的基础素质是诚信，没有诚信的人，是不会有人投资的。

①能洞察用户需求，对市场极其敏感。

②志存高远并脚踏实地。

③最好是两三个优势互补的人一起创业。

④一定要有技术过硬、并能带队伍的技术带头人(互联网项目)。

⑤低成本情况下的快速扩张能力。

⑥履历漂亮的人优先，比如有创业成功经验的人等会加分。

(2)方向：在对的时候做对的事情。

⑦做最肥的市场，选择自己能做的最大的市场。只有大市场才能造就大企业，小池子养不了大鱼。方向有偏差的话，会浪费宝贵的创业资源。

⑧选择正确的时间点。市场基本成熟了，企业也已有雏形，业务会得到爆炸性增长。

⑨专注、专注再专注。最好只做一件事情，这样能把事情做到极致！

⑩业务在小规模下被验证，有机会在某个垂直市场做到数一数二的位置。

大家可能觉得上面的条件非常苛刻，难道不具备这些条件就不能成功吗？当然不是，这些条件并非完全必须，但具备这些条件的创业团队成功的把握会更大。

二、创业计划书的框架

创业者，有的明明已经具备条件却畏首畏尾，不敢走出创业第一步；有的仅凭一时冲动，各方面未考虑周全就贸然出手，这两种情况都容易导致创业半途而废。如果有一份好的创业计划书，许多问题就能比较好地解决。当你选定了创业目标与确定创业的动机之后，在资金、人脉、市场等各方面的条件都已准备妥当或已经累积了相当实力，这时候就必须提出一份完整的创业计划书。创业计划书是整个创业过程的灵魂，在这份白纸黑字的计划书中，主要详细记载了一切创业的内容，包括团队介绍、竞争力介绍、市场分析、财务管理、风险控制。在创业的过程中，这些都是不可或缺的元素。在某些时候，创业计划书除了能让创业者清楚明白自己的创业内容、坚定创业的目标外，还可以兼具说服他人的功用，通过创业计划书，创业者对自己的创业会有更加清晰的认识。

创业计划书

企业名称	______________	姓　　名	______________
日　　期	______________	通信地址	______________
邮政编码	______________	电　　话	______________
传　　真	______________	电子邮件	______________

目　录

一、企业概况
二、创业计划作者的个人情况
三、市场评估
四、市场营销计划
五、企业组织结构
六、固定资产
七、流动资金(月)
八、销售收入预测(12 个月)
九、销售和成本计划
十、现金流量计划

一、企业概况

1. 主要经营范围

2. 企业类型

□生产制造	□零售	□批发	□服务
□农业	□新型产业	□传统产业	□其他

二、创业计划作者的个人情况

1. 以往的相关经验(包括时间)

2. 教育背景,所学习的相关课程(包括时间)

三、市场评估

1. 目标顾客描述

2. 市场容量或本企业预计市场占有率

3. 市场容量的变化趋势

4. 竞争对手的主要优势

5．竞争对手的主要劣势

6．本企业相对于竞争对手的主要优势

7．本企业相对于竞争对手的主要劣势

四、市场营销计划

1．产品

产品或服务	主要特征

2. 价格

产品或服务	成本价	销售价	竞争对手的价格

折扣销售	
赊账销售	

3. 地点

(1) 选址细节

地址	面积(平方米)	租金或建筑成本

(2) 选择该地址的主要原因

(3) 销售方式(选择一项并打√)

将把产品或服务销售或提供给：

□最终消费者　　□零售商　　□批发商

(4) 选择该销售方式的原因

4. 促销

人员推销		成本预测	
广告		成本预测	
公共关系		成本预测	
营业推广		成本预测	

五、企业组织结构

企业将登记注册成：

□个体工商户　　□有限责任公司

□个人独资企业　　□其他

□合伙企业

拟议的企业名称：______________

企业的员工(请附企业组织结构图和员工工作描述书)

职务	月薪
业主或经理	
员工	

企业将获得的营业执照、许可证

类型	预计费用

企业的法律责任(保险、员工的薪酬、纳税)

种类	预计费用

合伙(合作)人与合伙(合作)协议

合伙人 内容 条款				
出资方式				
出资数额与期限				
利润分配和亏损分摊				
经营分工、权限和责任				
合伙人个人负债的责任				
协议变更和终止				
其他条款				

六、固定资产

1．工具和设备

根据预测的销售量，假设达到100％的生产能力，企业需要购买以下设备：

名称	数量	单价	总费用（元）

供应商名称	地址	电话或传真

2. 交通工具

根据交通及营销活动的需要，拟购置以下交通工具：

名称	数量	单价	总费用(元)

供应商名称	地址	电话或传真

3. 办公家具和设备

办公室需要以下设备：

名称	数量	单价	总费用(元)

供应商名称	地址	电话或传真

4. 固定资产和折旧概要

项　目	价值(元)	年折旧(元)
工具和设备		
交通工具		
办公家具和设备		
店　铺		
厂　房		
土　地		
合计		

七、流动资金(月)

1. 原材料和包装

项　　目	数量	单价	总费用(元)

供应商名称	地址	电话或传真

2. 其他经营费用(不包括折旧费和贷款利息)

项　目	费用(元)	备　　注
业主的工资		
雇员工资		
租金		
营销费用		
公用事业费		
维修费		
保险费		
登记注册费		
其他		
合计		

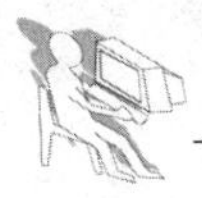

八、销售收入预测(12 个月)

销售产品 \ 销售情况 \ 月份		1	2	3	4	5	6	7	8	9	10	11	12	合计
(1)	销售数量													
	平均单价													
	月销售额													
(2)	销售数量													
	平均单价													
	月销售额													
(3)	销售数量													
	平均单价													
	月销售额													
(4)	销售数量													
	平均单价													
	月销售额													
(5)	销售数量													
	平均单价													
	月销售额													
(6)	销售数量													
	平均单价													
	月销售额													

续 表

销售情况 月份 / 销售产品		1	2	3	4	5	6	7	8	9	10	11	12	合计
（7）	销售数量													
	平均单价													
	月销售额													
（8）	销售数量													
	平均单价													
	月销售额													
合计	销售总量													
	总收入													

九、销售和成本计划

金额（元） 月份 / 项目		1	2	3	4	5	6	7	8	9	10	11	12	合计
销售	含流转税销售收入													
	流转税（增值税等）													
	销售净收入													

续　表

项目 \ 金额（元） \ 月份		1	2	3	4	5	6	7	8	9	10	11	12	合计
成本	业主工资													
	员工工资													
	租金													
	营销费用													
	公用事业费													
	维修费													
	折旧费													
	贷款利息													
	保险费													
	登记注册费													
	原材料（列出项目）													
	(1)													
	(2)													
	(3)													
	(4)													
	(5)													
	(6)													
	总成本													
利润														

续 表

金额（元）＼月份 项目		1	2	3	4	5	6	7	8	9	10	11	12	合计
税费	企业所得税													
	个人所得税													
	其他													
净收入（税后）														

十、现金流量计划

金额（元）＼月份 项目		1	2	3	4	5	6	7	8	9	10	11	12	合计
现金流入	月初现金													
	现金销售收入													
	赊销收入													
	贷款													
	其他现金流入													
	可支配现金（A）													

续　表

项目 \ 金额（元） \ 月份		1	2	3	4	5	6	7	8	9	10	11	12	合计
现金流出	现金采购支出（列出项目）													
	（1）													
	（2）													
	（3）													
	赊购支出													
	业主工资													
	员工工资													
	租金													
	营销费用													
	公用事业费													
	维修费													
	贷款利息													
	偿还贷款本金													
	保险费													
	登记注册费													
	设备													
	其他(列出项目)													
	税金													
	现金总支出(B)													
月底现金（A－B）														

三、创业计划书的内容

（一）计划摘要

计划摘要浓缩了创业计划书的精华，涵盖了计划的要点，要列在创业计划书的最前面，要求一目了然，以便他人或自己能在最短的时间内评审计划并做出判断。

计划摘要一般要包括以下内容：公司介绍、主要产品和业务范围、市场概貌、营销策略、销售计划、生产管理计划、管理者及其组织、财务计划、资金需求状况等。

在介绍企业时，首先要说明创办新企业的思路，新思想的形成过程以及企业的目标和发展战略。其次，要交代企业现状、过去的背景和企业的经营范围。在这一部分中，要对企业以往的情况做客观的评述，不回避失误。中肯的分析往往更能赢得信任，从而使人容易认同企业的创业计划书。最后，还要介绍一下创业者自己的背景、经历、经验和特长等。企业家的素质对企业的成绩往往起到关键性的作用。在这里，企业家应尽量突出自己的优点并表现自己强烈的进取精神，以给投资者留下一个好印象。

在计划摘要中，创业者还必须要回答下列问题：(1)企业所处的行业，企业经营的性质和范围；(2)企业主要产品的内容；(3)企业的市场在那里，谁是企业的顾客，他们有哪些需求；(4)企业的合伙人、投资人是谁；(5)企业的竞争对手是谁，竞争对手对企业的发展有何影响。

摘要要尽量简明、生动。特别要详细说明自身企业的不同之处以及企业获取成功的市场因素。如果企业家了解他所做的事情，摘要仅需 2 页纸就足够了。如果企业家不了解自己正在做什么，摘要就可能要写 20 页纸以上。因此，有些投资家就依照摘要的长短来“把麦粒从谷壳中挑出来”。

（二）产品（服务）介绍

在进行投资项目评估时，投资人最关心的问题之一就是，风险企业的产品、技术或服务能否以及在多大程度上解决现实生活中的问题，或者，风险企业的产品（服务）能否帮助顾客节约开支，增加收入。因此，产品介绍是创业计划书中必不可少的一项内容。通常，产品介绍应包括以下内容：产品的概念、性能及特性，主要产品介绍，产品的市场竞争力，产品的研究和开发过程，发展新产品的计划和成本分析，产品的市场前景预测，产品的品牌和专利。

在产品（服务）介绍部分，企业家要对产品（服务）做出详细的说明，说明要准确，也要通俗易懂，使不是专业人员的投资者也能明白。一般地，产品介绍都要附上产品原型、照片或其他介绍。产品介绍必须要回答以下问题：(1)顾客希望企业的产品能解决什么问题，顾客能从企业的产品中获得什么好处；(2)企业的产品与竞争对手的产品相比有哪些优缺点，顾客为什么会选择本企业的产品；(3)企业为自己的产品采取了何种保护措施，企业拥有哪些专利、许可证，或与已申请专利的厂家达成了哪些协议；(4)为什么企业的产品定价可以使企业产生足够的利润，为什么用户会大批量地购买企业的产品；(5)企业采用何种方式去改进产品的质量、性能，企业对发展新产品有哪些计划等。产品（服务）介绍的内容比较具体，因而写起来相对容易。虽然夸赞自己的产品是推销所必需的，但应该注意，企业所做的每一项承诺都是"一笔债"，都要努力去兑现。要牢记，企业家和投资家所建立的是一种长期合作的伙伴关系。空口许诺，只能得意于一时。如果企业不能兑现承诺，不能偿还债务，企业的信誉必然要受到极大的损害，因而是真正的企业家所不屑为的。

（三）人员及组织结构

有了产品之后，创业者第二步要做的就是结成一支有战斗力的管理队伍。企业管理的好坏，直接决定了企业经营风险的大小。

而高素质的管理人员和良好的组织结构则是管理好企业的重要保证。因此,风险投资家会特别注重对管理队伍的评估。

企业的管理人员应该是互补型的,而且要具有团队精神。一个企业必须要具备负责产品设计与开发、市场营销、生产作业管理、企业理财等方面的专门人才。在创业计划书中,必须要对主要管理人员加以阐明,介绍他们所具有的能力,他们在本企业中的职务和责任,他们过去的详细经历及背景。此外,在这部分创业计划书中,还应对公司结构做一个简要介绍,包括:公司的组织机构图;各部门的功能与责任;各部门的负责人及主要成员;公司的报酬体系;公司的股东名单,包括认股权、比例和特权;公司的董事会成员;各位董事的背景资料。

（四）市场预测

当企业要开发一种新产品或向新的市场扩展时,首先就要进行市场预测。如果预测的结果并不乐观,或者预测的可信度让人怀疑,那么投资者就要承担更大的风险,这对多数风险投资家来说都是不可接受的。市场预测首先要对需求进行预测:市场是否存在对这种产品的需求?需求程度是否可以给企业带来所期望的利益?新的市场规模有多大?需求发展的未来趋向及其状态如何?影响需求都有哪些因素?等等。其次,市场预测还包括对市场竞争的情况——企业所面对的竞争格局进行分析:市场中主要的竞争者有哪些?是否存在有利于本企业产品的市场空当?本企业预计的市场占有率是多少?本企业进入市场会引起竞争者怎样的反应?这些反应对企业会有什么影响?等等。

在创业计划书中,市场预测应包括以下内容:市场现状综述、竞争厂商概览、目标顾客和目标市场、本企业产品的市场地位、市场区格和特征等等。风险企业对市场的预测应建立在严密、科学的市场调查基础上。风险企业所面对的市场,本来就有更加变幻不定的、难以捉摸的特点。因此,风险企业应尽量扩大收集信息的

范围，重视对环境的预测和采用科学的预测手段和方法。创业者应牢记的是，市场预测不是凭空想象出来的，对市场错误的认识是企业经营失败的最主要原因之一。

（五）营销策略

营销是企业经营中最富挑战性的环节，影响营销策略的主要因素有：(1)消费者的特点；(2)产品的特性；(3)企业自身的状况；(4)市场环境方面的因素。最终影响营销策略的则是营销成本和营销效益因素。在创业计划书中，营销策略应包括以下内容：(1)市场机构和营销渠道的选择；(2)营销队伍和管理；(3)促销计划和广告策略；(4)价格决策。对创业企业来说，由于产品和企业的知名度低，很难进入其他企业已经稳定的销售渠道中去。因此，企业不得不暂时采取高成本低效益的营销战略，如上门推销，大打商品广告，向批发商和零售商让利，或交给任何愿意经销的企业销售。对发展企业来说，它一方面可以利用原来的销售渠道，另一方面也可以开发新的销售渠道以适应企业的发展。

（六）制造计划

创业计划书中的生产制造计划应包括以下内容：产品制造和技术设备现状、新产品投产计划、技术提升和设备更新的要求、质量控制和质量改进计划。

在寻求资金的过程中，为了增大企业在投资前的评估价值，创业者应尽量使生产制造计划更加详细、可靠。一般地，生产制造计划应回答以下问题：企业生产制造所需的厂房、设备情况如何；怎样保证新产品在进入规模生产时的稳定性和可靠性；设备的引进和安装情况，谁是供应商；生产线的设计与产品组装是怎样的；供货者的前置期和资源的需求量；生产周期标准的制定以及生产作业计划的编制；物料需求计划及其保证措施；质量控制的方法是怎样的等及相关的其他问题。

（七）财务规划

财务规划需要花费较多的精力来做具体分析，其中就包括现金流量表，资产负债表以及损益表的制备。流动资金是企业的生命线，因此企业在初创或扩张时，对流动资金需要有预先周详的计划和进行过程中的严格控制；损益表反映的是企业的赢利状况，它是企业在一段时间运作后的经营结果；资产负债表则反映在某一时刻的企业状况，投资者可以用资产负债表中的数据得到的比率指标来衡量企业的经营状况以及可能的投资回报率。

财务规划一般要包括以下内容：(1)创业计划书的条件假设；(2)预计的资产负债表；(3)预计的损益表；(4)现金收支分析；(5)资金的来源和使用。

可以这样说，一份创业计划书概括地提出了在筹资过程中创业者需做的事情，而财务规划则是对创业计划书的支持和说明。因此，一份好的财务规划对评估风险企业所需的资金数量，提高风险企业取得资金的可能性是十分关键的。如果财务规划准备得不好，会给投资者以企业管理人员缺乏经验的印象，降低风险企业的评估价值，同时也会增加企业的经营风险，那么如何制订好财务规划呢？这首先要取决于风险企业的远景规划——是为一个新市场创造一个新产品，还是进入一个财务信息较多的已有市场。

着眼于一项新技术或创新产品的创业企业不可能参考现有市场的数据、价格和营销方式。因此，它要自己预测所进入市场的成长速度和可能获得的纯利，并把它的设想、管理队伍和财务模型推销给投资者。而准备进入一个已有市场的风险企业则可以很容易地说明整个市场的规模和改进方式。风险企业可以在获得目标市场的信息的基础上，对企业头一年的销售规模进行规划。

企业的财务规划应保证和创业计划书的假设相一致。事实上，财务规划和企业的生产计划、人力资源计划、营销计划等都是密不可分的。要完成财务规划，必须要明确下列问题：(1)产品在

每一个期间的发出量有多大；(2)什么时候开始产品线扩张；(3)每件产品的生产费用是多少；(4)每件产品的定价是多少；(5)使用什么分销渠道，所预期的成本和利润是多少；(6)需要雇用哪几种类型的人；(7)雇用何时开始，工资预算是多少等。

一份好的创业计划书，是创业的理论演练，就好比首先把要创立的企业推销给创业者自己，既坚定了信心，也能发现不足之处，有助于赶快“补课”。

四、创业计划书的范例

范文一：(此计划书获金华市首届青年创业方案设计大赛“最佳方案奖”)

“一家人”自炊店设计方案

金华职业技术学院

叶××、黄×、宣××

张××、徐×、蒋××

2006年12月12日

目　录

一、背景

现代人对餐饮业的要求,早已不是填饱肚子的标准了。具体地说,是物质与精神的双重要求。人们对餐厅的文化要求越来越高。在餐饮中品尝文化,感受经营者的审美情趣,已是一种时尚。餐厅文化通过精巧的设计,用灯光、服装、饰物、音乐等烘托主题的形成,并与内容达到完美的统一,满足不同层次人们的文化需要,不断提升餐饮业的品位,也刺激着餐饮业的发展。

对于在校大学生来说,想有意义并且少花钱吃一餐也是非常不容易的。根据我们调查得知,76.3%的大学生都对在校期间学校提供的就餐环境不是很满意。有 56.2%希望能提供一个地方可以自己做点吃的,体会那种像家的温馨氛围,而大学生会做菜的人只占少数,一般的学生都只能做点小炒。不过另一方面也有69.1%的学生都考虑学习做菜,希望能提供一个学习、指导的地方,锻炼自己的动手能力,也为自己以后的生活做准备。

以下是我们在学校里做的调查的结果:

学校提供的就餐环境感觉	是否会去光顾自炊店	在家是否会自己做菜	学习期间是否会选择自己做菜	在学习期间是否会考虑学习做菜
不好(32%)	会(21.7%)	会(47.6%)	会(32.5%)	会(69.6%)
一般(44.3%)	不会(25.1%)	不会(52.4%)	不会(22.8%)	不会(12.6%)
较好(23.7%)	偶尔尝试(53.2%)		可以考虑(44.7%)	还没考虑(17.8%)

从以上的调查表中我们可以很清楚地看到大学生对于饮食的需求还有大的前景，特别是以自炊为主要内容的细分市场更有发展潜力。在大学城里经营自炊店为大学生提供了一个让自己做菜的地方，可以让顾客在做菜的过程中发挥自己的独特创意和团队合作精神，也可以按照自己口味把菜做得更美味。而在做好饭菜就餐的时候，也会更加放心，有成就感和温馨的氛围。针对大学生会考虑做菜，喜欢自己做菜，希望学习做菜，但不怎么会做菜的特点，我们店也提供烹饪助理、厨房助理、营养顾问等多项服务项目。可以让每位光顾我们“一家人”自炊店的顾客收获许多，过有意义的一天。所以本店的潜力是相当大的，市场大且长远，利益也是长远的，可行性强。

二、市场调查分析

古语云:民以食为天。衣食住行是人生需要解决的基本问题，在此基础上才有发展自己、完善自己的可能。对于广大大学生来说更是如此，没有安定的生活状态，就难以在学术研究上有所成就。为了更好的改善您的就餐环境，使娱乐、饮食、休闲一体化，特组织此次调查。

(一) 调查对象

调查对象主要集中在金华职业技术学院 2004—2006 级专科生，在收回的 48 份有效问卷中，其中男生 24 人，占总数的 50%；女生 24 人，占总数的 50%；2005 级占总数的 43.75%，2006 级占

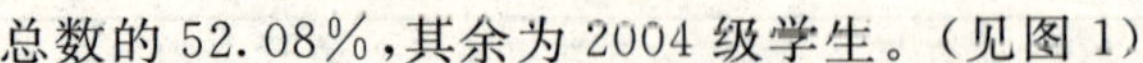

总数的 52.08%，其余为 2004 级学生。（见图 1）

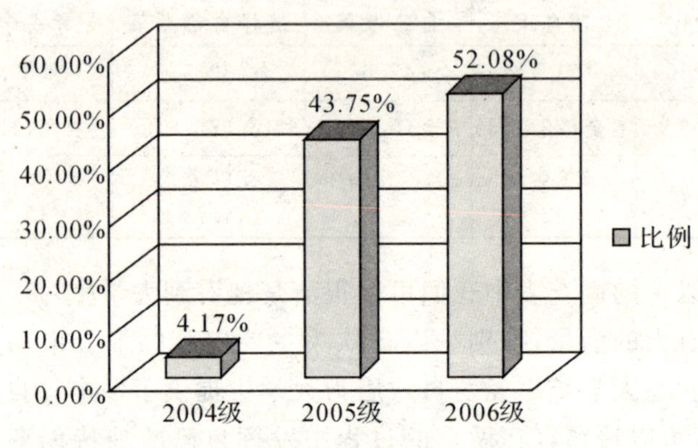

图 1　调查对象

（二）调查内容

我们根据学校就餐的具体情况，对学校就餐的分布、服务质量、价格、卫生状况以及同学们对就餐的选择、对食堂的意见和建议等多方面做了调查。（见附件一）

（三）调查方法

在小组成员的共同讨论下，完成调查问卷的设计，按年级进行有序调查。然后进行有效问卷检查、分项统计分析。

（四）结果分析

通过对问卷的统计和分析，了解到大学生就餐的具体情况。

1.整体情况

从我们的调查中看到，大学生对餐厅整体感觉不满意占到所有人数的 66.67%，对餐厅整体情况感到满意的只有 12.5%，还有 20.83%的人持无所谓的态度。（见图 2）

2.对餐厅不满意原因

对餐厅饭菜不满意的原因的调查主要涉及菜肴品种、饭菜更新情况、饭菜中有异物、分量不足等几方面。其中菜肴品种不够和

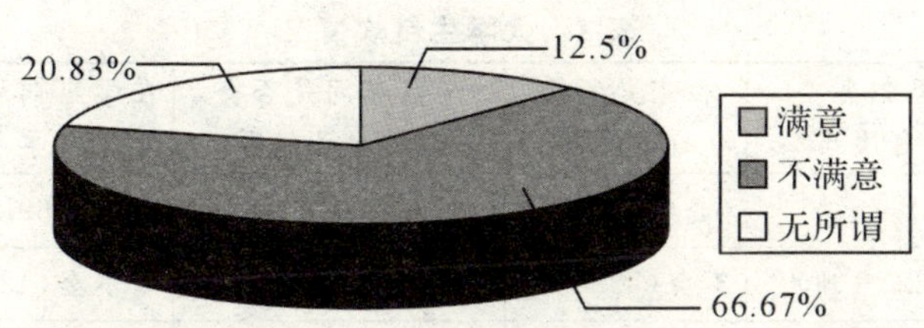

图 2　餐厅整体感觉

饭菜营养不足是最主要的原因，其次是饭菜更新不及时和饭菜中有异物，饭菜未洗净、免费汤太少以及晚上没夜宵相对来说引起同学们对食堂满意程度降低。（见图 3）

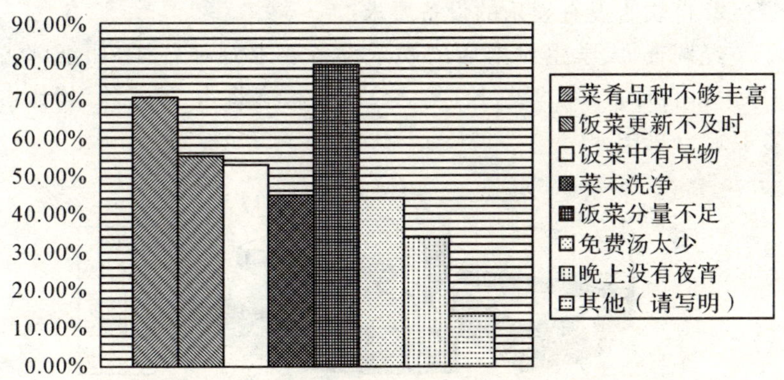

图 3　对食堂无法满意原因权重图(总权重为 1)

（三）相关情况调查

1. 关于大学生对自炊的简况

对大学生自炊情况的调查主要涉及是否会去光顾自炊店，在家是否会自己做菜，学习期间是否会选择自己做菜，及是否会考虑学习做菜等几个方面。据调查，在家不会自己做菜的占 52.4%，但会考虑学做菜的占 69.1%。（见表 1）

表 1 大学生自炊情况

是否会去光顾自炊店	在家是否会自己做菜	学习期间是否会选择自己做菜	在学习期间是否会考虑学习做菜
会(21.7%)	会(47.6%)	会(32.5%)	会(69.6%)
不会(25.1%)	不会(52.4%)	不会(22.8%)	不会(12.6%)
偶尔尝试(53.2%)		可以考虑(44.7%)	还没考虑(17.8%)

从表中可以看出,虽然大学生都不怎么会做菜,但对做菜的兴趣较高。从中可以反映出自炊市场需求量较大,也可以进一步地了解大学生生活的自理能力。

2.自炊店设有娱乐的设备要求

经调查,大学生对本店的娱乐设备要求各种各样,如纸牌占18.5%、台球占37.9%、KTV占12.5%、麻将占28.7%、其他占2.4%。(见图4)

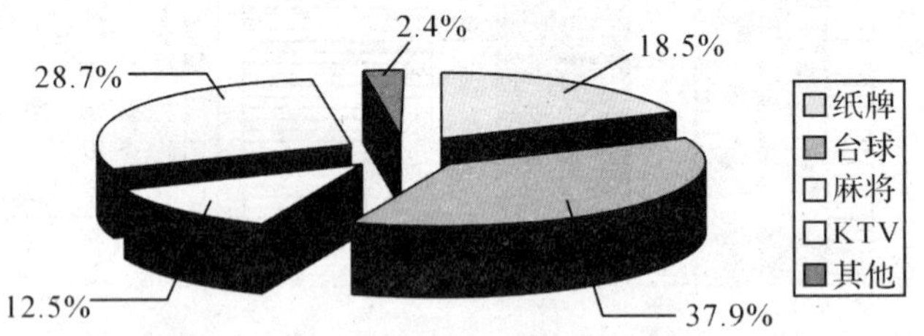

图 4 大学生对自炊店娱乐设备的要求

根据以上获得的信息,大多数学生对台球、麻将、纸牌较为喜欢,也感兴趣。

3.大学生会选择几人结伴一起光顾的情况

设计每厨房占有面积时,应根据调查表的详细数字。对会选择和几人一起光顾的调查涉及1~4人、5~8人、9~12人、13人以上。其中1~4人为最主要,占43.65%,其次5~8人占26.7%,9~12人占21.4%,13人以上占8.3%。从中反馈出在设

计厨房时以小、中、大为主，再对每一厨房进行不同风格的装饰。(见图 5)

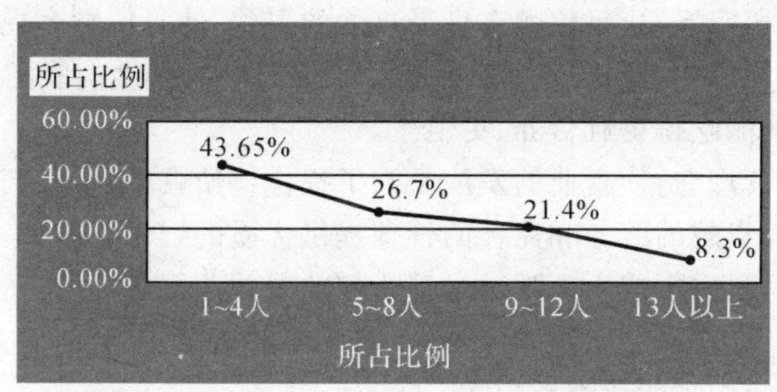

图 5　大学生会选择和几人一起光顾的情况

三、产品与服务

(一) 公司简介

“一家人”自炊店是专门为在校大学生改善饮食而开的，自炊店坐落于金华大学城附近，靠近金华茶花文化园，交通便利，环境宜人。本店规模约为 220 平方米，店内设有厨房共 8 间(分大、中、小)，约占 150 平方米，台球室 1 间(共 3 桌)，约占 36 平方米，麻将室 1 间(共 3 桌)，约占 12 平方米，及服务设备若干。餐饮需求是复杂多变的，其消费口味和消费心理都随着社会环境的变化而变化。作为教育的新兴地区，金职院的大学生具有消费能力强、消费更加理性化、需求多样化等特点，所以自炊是个理想的选择。

顾客可以根据自己的喜好选择购买菜肴，拿到透明厨房里加工，这样能清楚地了解到各种菜品的主配料，就和在自家厨房一样，能亲眼看到从原料变成美味菜肴的过程。因为偏向于家庭式的自炊店，定位于大众学生消费，环境又颇为讲究，而且还提供了一系列的娱乐项目(如台球室、麻将室)，无论是正式的宴请还是朋友私聚都是不错的选择。古语云：民以食为天。衣食住行是人生需要解决的基本问题，在此基础上才有发展自己、完善自己的可

能。对于广大大学生来说更是如此，没有安定的生活状态，就难以在学术研究上有所成就。所以更需要我们“一家人”的呵护。

公司宗旨：让每位顾客享受自炊的温馨，使每位顾客视自己动手做菜为乐趣，让每位顾客能感觉到我们公司提供的服务是一流的，使你能吃得更有营养、更卫生。

经营理念：饮食业的发展是为了提供简便就餐，可我们以创新的概念、卓越的服务和完善的管理提供优质的娱乐性服务。

公司远景：成为大学城最受欢迎的餐饮业服务场所。

公司口号：一切以顾客为本，以一流的速度、一流的服务、让您享有一流的现代化都市生活。

（二）服务项目

1.产品介绍

(1)主食。主食米饭是每个人必需的，消耗量还是比较大的。但由于携带不方便，所以我们会根据您的需要提供包装精美的高档精加工的粮食。(可以根据不同的需求提前预订)

(2)水果。水果含有丰富的维生素，品种繁多，适合各类人的需求。(可以根据不同的需求提前预订)

(3)冷冻食品和冷冻水产。冷冻水产主要包括活淡水鱼和海鲜食品，冷冻食品主要包括超市中销售的冷冻的水饺、馒头、包子、汤圆等。

(4)动物肉。有猪肉、鸡肉、鸭肉等。

(5)食物油和调味品。食物油和调味品的品种、价格都相对的稳定，顾客在购买时可以顺便选购，免去顾客携带的麻烦。

2.厨房介绍

厨房的投入主要有三大块内容：橱柜、装修和电器。橱柜采用了四种风格：简约、乡村、古典、前卫。简约风格的特点是简洁明快；乡村风格突出展现精致的木工和技艺，推崇自然；古典风格的线条、颜色和款式都洋溢着浓郁的古典浪漫风情，表达着对传统的

尊重及对现代生活的热爱；前卫的风格的特点是金属、玻璃的组合和强烈的色彩对比。色彩以纯色为主，在单色背景下，局部进行了木纹的点缀。

厨房设计基本概念："三角形工作空间"。厨房日常工作离不开"洗、切、炒"三部曲，所以我们把洗菜池、冰箱及灶台都安放在适当位置，最理想的是呈三角形，相隔的距离都不超过1米，可节省顾客做菜的时间及体力。以防被风吹熄灶火，我们把灶台置放在远离窗口处。餐厅由餐椅、餐桌、茶具餐具以及放置烟、茶、酒的柜、架等组成，丰富了餐厨空间的视觉美感，营造出有品位的生活空间。经过一天的劳累，在厨主以愉悦的心境下完成一顿丰盛的菜肴，无疑是一件快乐的事情。

以下是"一家人"所推出的风格迥异的厨房：

大套　魔幻厨房：100 元（人民币），一间/约 25 平方米，共一间；

大套　创意空间：100 元（人民币），一间/约 25 平方米，共一间；

中套　开心一刻：70 元（人民币），一间/约 20 平方米，共两间；

小套　浪漫满屋：50 元（人民币），一间/约 15 平方米，共两间；

小套　天上人间：50 元（人民币），一间/约 15 平方米，共两间。

退房时间为中午 12:00，下午 18:00 前退房加收半天房费，下午 18:00 后退房加收全天房费。

3. 娱乐服务介绍

(1)台球室

服务营业时间：8:00—22:00。

(2)棋牌室

服务营业时间：9:00—21:00。

4. 其他服务介绍

(1)烹饪顾问

本店顾问可为顾客精心设计营养美食分餐制，分季节养生、科学配餐，每餐均能达到人体所需的热能、蛋白质、维生素及微量元素。

咨询时间：10:00—19:00。

(2)厨房助理

顾客在烹饪时，帮助顾客对食品进行相关加工(如洗菜)。

服务时间：8:30—19:00。

四、竞争对手分析与营销策略

(一) 市场竞争对手分析

针对餐饮行业特点，“一家人”自炊店现有的主要竞争对手是“开心岛”餐馆。而潜在的竞争对手主要是以后进入市场的相类似的公司。“开心岛”餐馆也推出了可以自己做菜的模式，但是其场地、服务、娱乐等方面都还不够完善。它所提供的就餐环境不够温馨，只是一般式的餐馆模式，同时还没有提供娱乐等项目。而“一家人”自炊店不仅提供了充分的个人空间，根据不同需求进行不同层次、不同规模的设计，而且还提供了多项服务(如烹饪助理、厨房助理等)，另外还增设了台球室、棋牌室等作为休闲娱乐的场所。

由于“开心岛”是该行业的先入者，在已有商家上有一定的优势，不过，“一家人”针对大学生要求信息的便捷化、快速化等特点，还相应地推出了电话预订、短信预订等多种预订方式，一系列会员制度和顾客回馈信息的奖励制度。相信进入该市场后，我们会做好客户档案，维护客户关系与管理工作，定期进行客户结构分析，细致做好客户关系管理，针对顾客喜好，提供个性化、人性化、情感式的服务。提升自炊店业的整体竞争力，把自炊店单一的点优势扩大到群优势，建立起自炊店的持续竞争优势，最终使自炊店业在激烈的市场竞争中持续、稳定、高效率地发展。

（二）营销策略

在现代市场经济条件下，非价格竞争已逐渐成为市场营销主流。另外，购买者的注意力并不仅仅停留在商品价格上。不再是价格越低的商品越畅销，而是越能满足某种特定市场需要的产品越被广泛接受。所以我们要更侧重促销创新，分销创新，服务创新，休闲、文化娱乐等多方面创新来竞争顾客，占领市场。

“一家人”自炊店已制定出几个销售策略以保证市场渗透。

1. 短期策略

直接发传单宣传是我们向大学城及周围地区居民传递信息的一种经济有效的方法。直接推销将面向 6 公里以内的组织和单位。为能在这一新兴事业早期以最经济的手段尽可能占领市场，我们将直接与大学生取得联系。这样将保证消费群体的满意度。在推销工作繁忙之时，我们将雇用临时推销员，经培训后承担一些推销业务。全职雇员则负责经常性的工作，保证不错过任何销售机会。

另外还以最优惠的价格推广我们的服务，以便在短期内获得更多顾客的光临，同时形成对“一家人”的口碑宣传。

2. 长期策略

当自炊店在建设期间吸收一批老顾客后，我们将采取分销创新政策，继续扩大宣传，将自炊店的最新信息发给各区域，通过宣传来争取更多的顾客，采用销售人员走访的形式，对目标用户群进行有目的的宣传，吸引他们加入以最优惠的价格试用的行列，再进一步转化为正式收费会员用户。在这期间也要特别注意做好服务工作和对顾客建议的虚心采集、整理。改进原有服务策略，找到为顾客提供的新的或更好的服务方法。以充分的满足顾客的需求和市场的变化，紧跟潮流和市场的发展变化。

3. 竞争性推销策略

“开心岛”最初也是采用直接发传单的方法进行推销，也在地

方报纸上做广告，用来提高知名度。事实上，“开心岛”在开放之前已将会员名额售满，这说明他们的推销工作是成功的，“一家人”自炊店将采取类似的方法进行开放前宣传。

为了扩大会员队伍和增加收入，本店将在开放前进行吸收会员的促销活动。我们一次性入会费是每对情侣50元，较“开心岛”的70元低。我们的会员在交付入会费和月会费之后，可免费参加任何由自炊店支持赞助的娱乐性活动。

较之“开心岛”，“一家人”还提供了多项服务（如烹饪助理、厨房助理等），另外还增设了台球室、棋牌室等作为休闲娱乐的场所。采取差别化策略，更有利于“一家人”占领市场，再进一步提高市场占有率。

五、SWOT分析

（一）优势（S）

1.市场优势。“一家人”自炊店坐落在金华大学城附近，不仅交通方便，而且每天都可以保证有足够的消费者。大学的生活不同于初中、高中，每天除了上课之外还有许多自由空间。正因为自由空间较多，大学生逐步开始重视饮食上的消费。调查发现66.7%的学生对餐厅的饭菜不满意。就这些方面而言我们“一家人”自炊店存在很大的市场优势。

2.地理优势。“一家人”自炊店的周围不仅有一所金华职业技术学院，还有一座茶花园，不仅可以吸引学生上门消费，而且还可以吸引到茶花园游玩的游客上门消费。

3.服务优势。“一家人”自炊店为消费者提供了充分的个人空间，每个厨房都有自己独特的风格，消费者可以根据自己的喜好选择自己喜欢的厨房。“一家人”自炊店除提供了其他多项服务（如烹饪助理、厨房助理、餐前准备工作等等）外，还增设了台球、麻将、纸牌等休闲娱乐项目。

（二）劣势（W）

1.对于厨房的设计、分析消费者对于自炊的需求、生产流程规划,可能无法有相对的经验与优势。

2.本店总的规模较小。

3.厨房的数目太少,品种不是非常齐全,不能满足每个消费者的需求。

4.优惠政策的力度还不够,还没达到消费者一看就心动的程度。

5.营业模式简单,易被其他商家模仿。

6.天气太热时选择自炊的人会相对减少。

(三) 机会(O)

1.由于快餐文化追求效率,使得他们在产品上无法做到顾客饮食差异化的满足。

2.就产品的广度与深度而言,这是目前竞争者比较缺乏的,不过要达到较佳的广度和深度,可能与快餐追求快速有所抵触,这是值得考虑之处。目前在校大学生对健康日渐重视,而快餐又最常被大学生抱怨卫生很差,这也是一个自炊店设立的考量点。

(四) 威胁问题(T)

1.竞争对手经销系统齐全,销售额理想;市场宣传力度大,经常搞特价;销售服务队伍积极主动。

2.市场前景看好,品牌越来越多。

通过 SWOT 的分析,我们可以得出以下结论:

本店需要通过创造舒适环境、提供优质的服务与实惠合理的价格进一步地加强宣传力度,排除不利因素,提高知名度,才会进入大学生市场及产生良好的市场推动力。

六、经营团队

团队是由金华职业技术学院六位营销专业在校学生组成的创业队伍,我们有较强的团队精神,团队成员创新意识强烈,知识结构合理,具有较强的互补性,有对创业的决心及对自身的清醒认

识。我们相信：只要我们努力，一切皆有可能！

1. 人员介绍：

叶××，女，项目总负责人

项目发起人，策划人，性格开朗，热情，善于交际，是金职院营销专业的一名学生，对市场和现代物流有一定的了解和认识，对项目的某些见解也比较独特，对创业抱有很大的决心和意志，有较强的团队合作意识和一定的管理能力。

徐×，女，器材部/人事部负责人

将负责自炊店的器材购置、维护以及自炊店的杂务人员的管理。

李××，男，烹饪顾问

具有很好的烹饪技巧，可为顾客精心设计营养美食分餐制，分季节养生、科学配餐，每餐均能达到人体所需的热能、蛋白质、维生素及微量元素。

毛××，女，厨房助理

在顾客烹饪时，帮助顾客对食品进行粗加工（如洗菜）。

职工："一家人"自炊店预计第一年需要 5 名职工，分别为项目总负责人、烹饪顾问、器材部/人事部负责人、收银员和厨房助理。他们的工资根据不同职位将在每小时 3 元至 7 元之间，兼职人员可根据业务酌情招聘勤工俭学的在校大学生。

项目总负责人将提供给职工比其他自炊店更广泛的项目训练和定向训练。我们的培训计划比竞争者更为系统和正规。

2. 组织结构

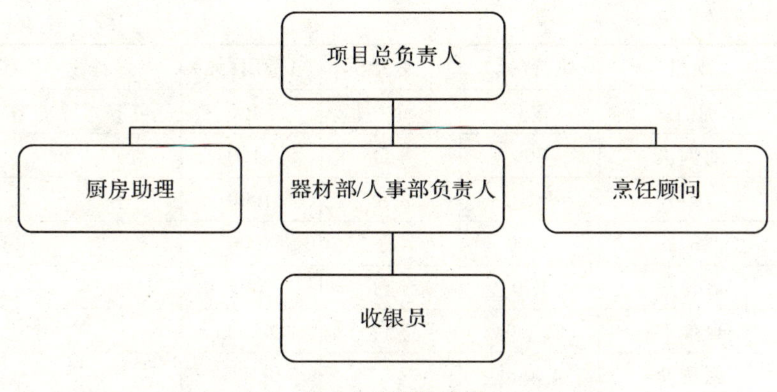

图 4.1　组织结构

七、财务状况

（一）会员预测

据估计，“一家人”自炊店有 220 平方米，可同时接纳约 80 名顾客。最近一次调查也表明，一个新建的餐厅设施一般需要 6 至 24 个月收满会员（会员每次消费可享受 8.8 折的优惠）。“一家人”自炊店的各项计算采取了比较保守的估计，预计需 24 个月收满会员。根据我们所做的市场调查，估计预售会员数资格可达总会员的 50%。据统计，在考虑了约 30%的会员退会率的情况下，五年内仍会有平均 7%的年增长率。

会员费的制定

	情侣会员费	个人会员费
首次入会费	50 元	30 元

（二）财务预算

1. 支出预算

项目	单价(元)	数量	总费用(元)	备注
总负责人	800 元/月	9	7200	一年按 9 个月算

续 表

项目	单价(元)	数量	总费用(元)	备注
职工	600	4 个/月	5400	一年按 9 个月算
油烟机	800	8 台	6400	
冰箱	2000	2 台	4000	
餐具	3000	/	3000	
麻将桌	200	4 台	800	
台球桌	2000	3 台	6000	
租赁费	50000	/	50000	
水电及其他杂费	8000	/	8000	
宣传费	2000	/	2000	
保险费	10000		10000	
装修费	32000	/	32000	
共计			134800	

2. 收入

厨房收入:大套(100 元)×2+中套(70 元)×2+小套(50 元)×4=540 元

每年 540×7×4×9=136080 元

娱乐项目收入:预计　　1000 元×9=9000 元/年

总计:14.508 万元

毛利润=收入-支出=14.508 万元-13.48 万元=10280 元

备注:每年按 9 个月算

项目	第一年	第二年	第三年	第四年
收入	145080	147981.6	149432.4	150883.2
支出	134800	84800	84900	86200
利润	10280	63181.6	64532.4	64683.2

因为运营期的第一年为运行阶段，往往需要花费大量的广告促销费用去开拓销售渠道和投资设备费用，营造良好的就餐环境。因此，本店第一年利润很少。

第二、第三年为逐步提升阶段，经过运行阶段，服务质量的提高及有效的促销活动，消费者对本店产品的性能、用途、环境已比较了解，消费者将迅速增加，产品销量增大，同时本店的设施基本稳定，只需少量的维修费用。因此，本店盈利开始增加。

第四年为稳步发展阶段，本店的厨房设备、装修设计基本固定，销售量虽仍有增长，但市场上不断出现类似的服务。企业间竞争十分激烈，所以扩大宣传及做好服务是非常重要的，宣传费用将会是必要的一份开支。

八、保险和法律事务

"一家人"自炊店的保险是通过中国平安保险公司购买的。资产保险将保险固定资产和私人资产的实际市场价值，意外保险保证赔偿由于意外事故而关门造成的固定现金流入损失。

为了防止意外事故而造成会员伤残所引起的法律诉讼，我们还购买了一般责任保险。当然，中心管理人还会采取有关预防措施，如提供适当指导，给予必要的警告，同会员签署无责任条款合同等。"一家人"还将为每一位主管人员购买意外死亡和伤残保险。

中心的法律事务将由金华高级律师事务所负责处理，该事务所有丰富的经验和良好的信誉。

自炊店是在金华市注册的餐饮服务，管理人员没有任何法律纠纷。中心已得到了在金华大学城处租用、经营的商业营业执照。

九、风险分析

（一）市场风险

目前服务性市场快速发展，对服务业的要求越来越高，只有完

善的服务才能在竞争中脱颖而出。尽管自炊店有较好的市场竞争力，但仍然存在以下风险：(1)服务没有做到完美，影响消费者享受空间。(2)对已打开的市场有待进一步的发展。(3)现在有很多的关于饮食业的服务场所，都可能构成对我们的竞争威胁，市场重叠，竞争对手众多。而且，由于进入本领域的资金及技术门槛不是很高，一旦企业获得较大利润，将会有跟进效仿者。不过，我们的目标客户和其他饮食业有所区别，在校的大学生是我们主攻的方面。对于跟进效仿者，我们可以采用知识产权等手段对品牌进行保护，提高服务质量，提高配菜的营养含量，做好客户的售后服务和反馈，培养客户的忠诚度，以此来消除仿效者的竞争威胁。

（二）技术风险

该项目实施，主要在于食品的制法。经调查发现，良好的烹饪顾问是成功所在。特别是近年学生对食品营养的重视，我们设立技术支持服务系统，指导顾客烹饪，制定出丰富且含有高营养的菜肴，对提高自炊店的营业额十分重要。

（三）管理风险

由于关键的核心技术人员为管理人员，因而管理方风险主要存在于职业经理人的聘请上。其他的人事问题可迎刃而解。

（四）反量风险

食品加工有着严格标准，不论是清洗菜或是熟食品的保质，均涉及卫生、营养、防腐等等方面，所以说加工技术成熟、加工工艺改良，是自炊店服务的好的环节。

附件一：

“一家人”自炊店的计划书

本店面积大约220个平方米，主要给想自己亲自烧饭做菜的大学生提供一个场所，对于那些不知道怎么做，可是又很想尝试的学生，我们可以为他们提供厨师教他们怎么做。业余时间免费提供营养搭配培训。餐馆可以为他们提供各种菜肴，同时他们也可以自己带菜，除了这些之外，餐馆还提供各种服务（杀鱼、洗菜、洗碗……）场地每次定价为50～150元，菜肴费根据实际情况另外计算。

计划如下：

一、人员组成

1.项目总负责人：主要职能是组织中确定和实现组织目标的指挥者，确定全体员工的职务、职责、职权及其相互间的协作关系。

2.器材部/人事部负责人：主要负责系统流程部分，有较强的组织协调和沟通能力，在工作中与各团队成员默契配合。

3.市场策划和推广负责人：主要是对信息的管理和收集工作，对项目自己在一些方面有独特的见解，对于团队成员给的资料能很好完成任务，与团队能很好地配合。有丰富的市场推广及营销能力。

4.烹饪顾问：具有很好的烹饪技巧，可为顾客精心设计营养美食分餐制，分季节养生、科学配餐，每餐均能达到人体所需的热能、蛋白质、维生素及微量元素。

5.厨房助理：主要负责在顾客烹饪时，帮助顾客对食品进行粗加工（如洗菜）。

6.收银员：主要负责结账以及咨询信息方面。

7.服务员：待定。

二、上班时间

1. 上午:9:30—14:00

2. 下午:16:30—21:00

三、工资构成

1. 店长的工资构成为:底薪+提成,提成为:每天买单超过50人的,每人提成3元,超过70人的,每人提成5元。

2. 其他工作人员的工资构成为:底薪

3. 收入:厨房收入+娱乐项目收入

4. 支出:设备费用+水电费、煤气费、电话费及其他费用+员工工资+保险费+宣传费

四、优惠政策

1. 凡在一个月内消费满三次以上可以获得本店提供的贵宾卡,可以享受9折优惠。

2. 凡是一次性消费满60元以上(包括60元)的消费者可以获得本店提供的精美礼品一份。消费多多,优惠多多。

由于这是一个新行业,从事的商人较少,所以就现在而言几乎不存在竞争对手,因此我们不必花太多的时间去考虑竞争对手。再说我们也是初次涉及此行业,不是非常了解此行业的发展前景,所以这次先开一个小型自炊餐馆,利用这个餐馆来研究这个行业到底是不是如调查表所显示的那样:存在较大的市场和较大的发展空间。如果这个试验成功了,我们再决定做进一步的投资,创建一个更大的餐馆或更多的分餐馆。

附件二：

大学生饮食消费情况调查表

同学们，您对快餐店的菜肴满意吗？您有想过自己做菜吗？为了更好改善您的就餐环境，使娱乐、饮食、休闲一体化，特组织此次调查，感谢您的配合！我们承诺，对您的信息和答案进行严格保密，请表达自己的真实意思！感谢您对我们调查工作的支持！

性别：　　　　年龄：　　　　专业：　　　　年级：

(1)您对学校提供的就餐环境感觉如何？　（　　）

A. 满意　　B. 不满意　　C. 无所谓

(2)您对就餐环境是否讲究？　（　　）

A. 讲究　　B. 一般　　C. 不怎么讲究

(3)您觉得下列哪些选项无法让您满意，并依次排列　（　　）

A. 菜肴品种不够丰富　　B. 饭菜更新不及时

C. 饭菜中有异物　　D. 菜未洗净

E. 饭菜分量不足　　F. 免费汤太少

G. 晚上没有夜宵　　H. 其他

(4)在家时，您会自己做菜吗？　（　　）

A. 会　　B. 不会

(5)在学习的业余时间，您会选择自己做菜吗？　（　　）

A. 会　　B. 不会　　C. 偶尔尝试

(6)属于哪种消费群体？　（　　）

A. 高消费群体（每月 800 元以上）

B. 中消费群体（每月 400—600 元）

C. 低消费群体（每月 400 元以下）

(7)平时一般习惯在哪里就餐？　（　　）

A. 学校餐厅　　B. 学校门口的饭店

C. 学校门口的小吃部

(8)喜欢餐厅或饭店或小吃部的口味吗? ( )

A. 非常喜欢 B. 一般 C. 不喜欢

(9)喜欢自己做菜吗? ( )

A. 喜欢 B. 看情况 C. 不喜欢

(10)当您想吃自己亲手煮的菜肴时您会希望学校周围有自炊餐馆吗? ( )

A. 希望有 B. 希望没有

(11)假如学校周围有自炊餐馆您会光顾吗? ( )

A. 会 B. 不会

(12)哪种情况下您会趋向于自炊? ( )

A. 过生日时 B. 同学聚会时 C. 谈恋爱时 D. 其他

(13)光顾自炊店时,一般会选择几个人一起? ( )

A. 1—4 人 B. 5—8 人 C. 9—2 人 D. 12 人以上

(14)假如有一天您去光顾自炊餐馆,您会选择自己带菜还是餐馆提供? ( )

A. 自己带菜 B. 餐馆提供

(15)您希望自炊餐馆内设有哪些娱乐项目?( )可多选

A. 纸牌 B. 台球 C. 电视 D. 麻将

E. 其他__________请填入具体内容

(16)您希望自炊餐馆为您提供哪些服务?( )可多选

A. 洗菜 B. 洗碗 C. 杀鱼 D. 其他

(17)在自备菜肴的前提下您一般会选择哪种价位的自炊? ( )

A. 20—30 元 B. 30—40 元 C. 50 元以上

(18)吃饭时您会注重营养搭配吗? ( )

A. 会 B. 偶尔会 C. 不会

(19)假如自炊餐馆内设有营养顾问,您会去咨询吗? ( )

A. 会　　B. 偶尔会　　C. 不会

(20)假如您不会炒菜,而自炊餐馆为您提供免费的炒菜指导时,您愿意学习吗?（　　）

A. 愿意　　B. 不愿意

(21)假如您对自炊餐馆很满意,您会经常去那里消费或介绍同学去吗?（　　）

A. 会　　B. 不会

调查项目统计概况

宗旨：我们工作人员组织了一次以全体在校学生为对象的关于饮食情况的抽样调查。此次调查旨在描述学生的饮食现状，并在分析研究的基础上，有针对性提出一定的意见和建议，力求改善学生的饮食，保证营养的供应。

问卷内容：此次调查，我们主要从四个方面着手进行，即，就餐环境、服务、娱乐和设备，共计20道问题，在综合分析的基础上形成饮食调查总报告及相应的专题报告。如下表：

1. 关于对学校提供的就餐环境感觉的选项	比例(%)
A. 满意	32
B. 不满意	44.3
C. 无所谓	23.7
2. 对就餐环境讲究选项	
A. 讲究	42.8
B. 一般	34.6
C. 不怎么讲究	22.6
3. 哪些选项无法让您满意	
A. 菜肴品种不够丰富	73.4
B. 饭菜更新不及时	54.3
C. 饭菜中有异物	57.3
D. 菜未洗净	47.9
E. 饭菜分量不足	81.2
F. 免费汤太少	48.6

G. 晚上没有夜宵	36.8
H. 其他	18.7
4. 关于大学生是否会自己做菜的选项	
A. 会	47.6
B. 不会	52.4
5. 学习的业余时间，你会选择自己做菜吗	
A. 会	32.5
B. 不会	22.8
C. 偶尔尝试	44.7
6. 关于属于哪种消费群体选项	
A. 高消费群体(800元以上每月)	13.7
B. 中消费群体(400—600元每月)	56.3
C. 低消费群体(400元以下每月)	30
7. 平时一般习惯在哪里就餐	
A. 学校餐厅	43
B. 学校门口的饭店	34
C. 学校门口的小吃部	23
8. 喜欢餐厅或饭店或小吃部的口味吗？	
A. 非常喜欢	26.3
B. 一般	50.2
C. 不喜欢	23.5
9. 喜欢自己做菜吗	
A. 喜欢	56.4
B. 看情况	26.4

C. 不喜欢	28.2
10. 你会希望学校周围有自炊餐馆吗	
A. 希望有	65.4
B. 希望没有	34.6
11. 假如学校周围有自炊餐馆你会光顾吗	
A. 会	56.7
B. 不会	43.3
12. 哪种情况下你会趋向于自炊	
A. 过生日时	46.7
B. 同学聚会时	64.3
C. 谈恋爱时	35.2
D. 其他	27.8
13. 光顾自炊店时，一般会选择几个人一起	
A. 1—4 人	43.6
B. 5—8 人	26.7
C. 9—12 人	21.4
D. 12 人以上	8.3
14. 光顾自炊餐馆，你会选择自己带菜还是餐馆提供	
A. 自己带菜	74
B. 餐馆提供	26
15. 你希望自炊餐馆内设有哪些娱乐	
A. 纸牌	18.5
B. 台球	37.9
C. 电视	12.5

D. 麻将	28.7
E. 其他	2.4
16. 你希望自炊餐馆为你提供哪些服务	
A. 洗菜	36.3
B. 洗碗	28.7
C. 杀鱼	27.5
D. 其他	15.5
17. 在自备菜肴的前提下你一般会选择哪种价位的自炊	
A. 20—30 元	56.4
B. 30—40 元	37.6
C. 50 元以上	16
18. 吃饭时你会注重营养搭配吗	
A. 会	56.3
B. 偶尔会	24.7
C. 不会	19
19. 假如自炊餐馆内设有营养顾问，你会去咨询吗	
A. 会	43.6
B. 偶尔会	35.3
C. 不会	21.1
20. 而自炊餐馆为你提供免费的炒菜指导时，你愿意学习吗	
A. 愿意	85
B. 不愿意	15

第五单元　如何组建创业团队

寓言故事导读一则

蚂蚁军团

在非洲的草原上如果见到羚羊在奔跑，那一定是狮子来了；如果见到狮子在躲避，那就是象群发怒了；如果见到成百上千的狮子和大象集体逃命的壮观景象，那是什么来了？蚂蚁军团！

思考：蚂蚁军团故事告诉我们什么？

一、如何组建创业团队

（一）创业为什么要组建团队？

一个人不可能完美，而一个团队却可以完美。

贝尔宾团队角色理论介绍：

英国著名专家贝尔宾分析了1000多个领导班子，概括提炼后认为：理想的管理团队应当由八个角色组成。他将人在组织中的行为特点概括出八种类型：

1. 行政者，2. 协调者，3. 推进者，4. 创新者，5. 信息者，6. 监督者，7. 凝聚者，8. 完美者主义者。

团队管理是世界性管理潮流，团队管理最根本的问题是来源于人性本身的不完善。团队功能能够超越个人的缺陷，我们都是有缺陷的人，有缺陷的人要做完美的事情只有配合，依靠团队精神才能完成。

贝尔宾团队角色理论启示：

一个人应当全面一点，但一个人再全面也不可能是完人；一个团队可以全面，好的团队善于管理过去（从过去的经验中看问题）、现在（从现在角度看问题）和未来（从未来趋势看问题）。行政型的人物最能管理过去，这种人一般不会重犯第二次错误。推进者适合于管理现在，他会不遗余力地把当前的事情做好。创新者适合于管理未来，他永远不会满足现在。完美的团队需要不同类型的人员组成。

（二）什么是创业团队？

创业团队是为了实现共同的创业目标而由相互协作的个体所组成的正式群体。它合理利用每一个成员的知识和技能协同工作，解决问题，达到共同的目标。

团队构成的基本要素：

目标（Purpose）：有一个既定的目标，为团队成员导航，知道要向何处去，没有目标这个团队就没有存在的价值。

定位（Place）：明确团队在社会生态环境中的位置，团队最终应对谁负责；还有团队成员的个体定位，在团队中扮演什么角色。

权限（Power）：整个团队在社会组织中拥有什么样的权利，它的业务类型和范围是什么。

计划（Plan）：团队的创业计划。只有在计划的操作下团队才会一步一步地贴近目标，最终实现目标。

创业团队领导的素养：

创业团队建设和团队目标的实现，除了团队成员的共同努力外，团队领导者的素养至关重要，在创业团队形成初期可以起着决定性的作用。

创业团队领导的素养包括一个信念、五种能力和三种知识：

一个信念——对创业目标的实现有一个矢志不移的信念。

五种能力——信息提取与分析能力；需求引导与规范能力；解释与说服能力；危机应对与处理能力；沟通与协调能力。

三种知识——政治学与法学知识，要明确群众的利益诉求，善于依法协调各种利益关系，维系团队组织与社会的稳定；社会学知识，要学会社会分析与社会调研，理解他人，关心团队成员，及时进行信息的传递与沟通；心理学知识，要了解团队成员的心理状态，把握人心向背，学会换位思考，保持团队凝聚力。

战斗团队举例——唐僧取经团队

《西游记》中唐僧取经团队由四个个性、气质、能力各异的人组成。

唐僧是团队的领导者，是一个对实现目标矢志不移、在任何情况下从未放弃到西天取经的人。

孙悟空是一个有本事但不能有效控制自己的推进者。

沙和尚是一个可靠、忠诚、任劳任怨的人。假如没有沙和尚，那副担子谁挑，可能由唐僧挑，因为孙悟空有本事但不高兴时不会挑，猪八戒使人感到不可靠。

猪八戒的作用同样非常重要，如果没有他，照样不能成功。猪八戒热爱生活、有情趣、温柔。如果没有猪八戒，这个团队就很无趣，他给这个团队带来了乐观主义情绪。猪八戒的作用还在于在内部矛盾调节中起了重要作用。如唐僧让孙悟空回家，但遇到麻烦时需要他回来，然而出于面子又不便张口，此时，唯有猪八戒出来说好话。猪八戒与各方面的关系都非常好。是个非常称职的公关部部长。

取经团队的四个人组成了一个最具有战斗力的团队。

问题：你对“唐僧取经团队”的组合有何评论？

小黄创业失败的经历

小黄想办一个求职网站——大学生求职网。

在有关人士的鼓励下，小伙子迅速完善了先前酝酿许久的创业计划书：①用两到三年的时间向外界推广网站，吸纳大学生和企业登录，并向企业收取一部分会员费。②三年后，点击量有一定提升后，广告将成为网站盈利的又一渠道。③在继续完善网站服务内容的基础上，再推出一系列连带产品。实际上，小黄已明确了网站的盈利模式和长远发展思路。

接下来的几个月，小黄开始了广泛的市场调研——走访了20多家企业，与人力资源管理部门负责人沟通了这一想法。网站的特色服务内容得到70%的人肯定，同时也得到了父母兄长的资金支持。但小黄自己并不会写电脑程序，这名技术核心人物在哪里？小黄认为这不是问题，懂程序的人多，肯定能吸引到这样的人。直到创业计划付诸实施才向身边好友发布信息，结果只找到一个做网站的高中好友。好友告诉他“编好这个网站的程序至少要两年”。结果在没有左膀右臂的情况下，小黄孤军奋战，只能是“出师未捷身先死”，不到几个月就败下阵来。

问题：小黄创业失败的原因是什么？

评析参考：创业团队自身有严重缺陷，这是小黄失败的直接原因。创业的三大要素是：合理的创业方案、资金和团队，这三点缺一不可。要搭建一个人才结构合理的团队，才有利于创业的成功。

二、建设创业团队的方法

寓言故事导读一则

大雁团队

大雁按队形飞行的距离比独自飞行的距离至少可以增加71%。某只大雁脱离了队形，它会突然感到增大的飞行阻力，这使它立即返回原位以借助其团队的力量；当头雁体力不支时，它将退到队尾，另外一只大雁担当头雁。后面大雁的叫声是在鼓励前面的大雁保持速度。当某只大雁生病或因受枪伤而掉队时，就会有两只大雁离开队形来帮助或保护这只伤病雁。它们会跟随其他的大雁一同飞行直至赶上它们自己的队伍。你以后有机会看到大雁的队形时，你将记住：这是鼓励，挑战和作为有价值团队成员的责任。

团队建设是事业发展的根本保障，团队运作是成功创业者长期实践的经验总结。至今没有一个企业家是在团队之外获得成功的。团队的发展取决于团队的建设。团队建设应从以下几个方面进行。

（一）组建团队，培育核心

创业团队组建并没有一个标准化的途径，但是选择优秀的创业伙伴并发展与他们的合作关系无疑是一项复杂的工作。在创业实践中，多数人倾向于选择那些与自己有相似经历、背景的人共同创业，但这往往会造成资源的冗余与重叠。只有创业团队成员的知识、技术和经验越广泛多样才越有利于创业企业的发展，因此，基于互补性而不是相似性组建创业团队通常是一种更有用的策略，这将极大提高创业团队的效能。

团队建设的重点是培养团队的核心成员。形成以领导人、执行者和协调者为核心成员的团队核心。团队核心成员应该是团队精英，要有为实现团队的利益和目标而相互协作、尽心尽力的意愿和作风。通过团队核心成员的作用，逐步形成以"团队凝聚力、合作意识及旺盛的士气"为核心的团队精神。

（二）建立团队利益机制

利益机制——利益的需求是企业的参与者最基本的出发点，在团队建设中，基本的利益保障是团队存在的前提和基础，是企业发展到一定阶段时继续成长还是"散伙"是关键点。

老板是愿意自己的企业赚100万，自己得80万；还是愿意自己的企业赚1000万元，自己得200万元？答案不同，选择不同，模式不同，结果自然也就不同。

老板要完全摆脱对金钱和财富的饥渴，转而成为对事业的渴求，把金钱和财富当作了兵马的"粮草"，而不是把"粮草"当作了唯一的追求。作为一名企业家，金钱和利益当然是不变的追求，但在追求利益的同时需要不断放大自己的追求，从利益的追求上升到事业的追求，再升华到一种使命和责任，这就需要企业家不断地进行自我革命。团队是一个利益共同体。从利益独享走向共享，才能建设真正的创业团队。

在所有的利益分配模式中，绩效考核是利益机制的基础，股权激励是最高的形式，也是最后的形式。所以企业在设置股权激励机制时，必须设定特别的门槛，如：员工在企业除了业绩要求，同时还要求至少干满五年方可享受一定比例股份的分红权，继续服务五年后方可享受股份的表决权，员工离职后如何处理等等。

一般来说，在初创的十年内，不鼓励企业采用股权激励的方式，因为此阶段企业高层的核心领导团队往往还没有最终形成，企业内部还将面临太多的变数，如果此时让经营管理层持股，会阻碍或影响公司核心管理层最终的形成。再如，企业如果将要进入品

牌运作和资本经营,原有的管理团队大都要退出管理层,因为习惯于传统的经营管理的人,往往会因不适应品牌运作和资本经营的高层次的要求,而成为新的运营模式的累赘或障碍,甚至会成为破坏者。

利益机制不管如何地变,都必须清晰明了,既能预期又能核算,这是最基本的要求。

(三)建立团队成长机制

成长机制——人总是本能地追求更高层次的需求和满足。老板如此,经营管理者如此,每一个员工也都不例外。团队建设不仅要解决成员的社会归属感,还要解决每一个成员的终极追求:自我实现。

成长包括能力、业绩、收入、职位、地位、荣誉感等的提高,成长最慢或没有成长的人,除了被淘汰,没有别的选择。因为优不胜、劣不汰是对不断进步的人最大的不公平,也是对优秀人才最大的伤害。团队建设从来就是培养和淘汰相结合,企业虽然说有社会责任,但毕竟是一个讲究效益和效率的机构,必须随时淘汰不适应企业发展需要的人。对一个团队来说,培养是基础,淘汰是保障,没有优胜劣汰的机制作保障,就不会有优秀的团队,更不会有强大的团队。

成长机制包括学习、实践、考评、优胜、劣汰等几个层次。对团队建设来说,通过优胜劣汰,保持人才的合理流动和相对稳定,让团队创造的氛围和文化传承下去,团队建设就算初步成功了。

三、创业团队文化建设

(一)什么是创业团队文化

创业团队文化是指在创业活动的过程中,团队成员普遍表现出来的思想意识、价值观念、基本态度、行为方式及其创业成果的

总和。

创业团队文化起点只能从创业团队领导(老板)赋予企业的灵魂开始,并在团队的酝酿下逐渐提炼、升华至一种文化。从老板的文化、到团队和企业的文化,再上升到国家、民族、区域或某种特定文化的高度,并最终成为特定文化的形象和代表,需要有一个漫长的修炼过程,绝对不是打打广告、贴贴标语、喊喊口号、讲讲故事就可以速成的。好莱坞、可口可乐、麦当劳、肯德基等一大批美国的企业,无一例外地成为美国文化的形象和代表。同仁堂、全聚德、茅台酒、五粮液等一大批企业,也都是中国传统文化的杰出代表。这样的企业,也许老板可能倒,但企业永远不会倒。这些企业,他们的核心竞争力不在于产品,而在于文化。世界五百强企业的平均寿命不过四十年,在此也可以得出这样的结论,一个企业在其生存和发展过程中,如果不能使企业成为国家、民族或区域文化的形象代表,基业长青几乎是一件不可能的事。那些为赚钱而赚钱的企业,即使拥有全世界一流的资本、人才、技术,他们最终也逃不过平均寿命四十年的宿命。

(二)创业团队文化的基本内涵

开拓进取、敢为人先的勇气和激情。市场经济体制虽然为创业者提供了平等的市场主体的地位,但市场环境中有很多不确定因素,创业过程中会遇到很多意想不到的挫折和困难,必须依靠开拓进取、敢于创新、敢于冒险、敢问人先、敢破常规的勇气和激情来解决和克服。

聚集人才,共同奋斗的协作精神。一个新创企业的发展需要一个创业团队来共同努力。创业团队代表了一种人才聚集、共生与发挥作用的方式。创业虽然包含着个人奋斗的成分,但创业的成功又绝不仅仅是个人奋斗的结果。在创业的起步阶段,单枪匹马闯天下的情况是有的,有时也是必要的,但个人的资金、技术、能力总是有限的,更多的情况需要多人合作。在创业进行到一定程

度之后，更需要团队精神，需要合作，需要全体员工围绕企业的宗旨和目标共同奋斗。

不断学习，尊重知识的价值观念。创业文化是一种群体文化，它的形成有赖于人们的广泛认同，创业者需要有成功的信念、坚韧的毅力、积极的竞争精神、周密的工作作风、强烈的危机意识、优良的心理品质、广博的知识素养、健康的体魄以及旺盛的精力等。这些素质是通过创业者的努力学习研究和实践磨炼逐步提高的。

创业团队文化具有先进性、引导性和激励性等特征。是一种“与时俱进”的先进文化，它是创业者在创业过程中表现出来的与社会共同进步发展的生活理念、价值取向、生存方式和精神追求。它能最大限度地为创业者提供情感、自尊、归属感等心理需要，指导创业实践，引领创业者健康创业心理、先进价值观和思想、行为、价值取向的形成。它鼓励创新、宽容失败、崇尚合作，激励创业者通过合法途径创造价值，是促进经济社会发展的内在活力。

（三）创业文化培育的途径

创业文化建设是一个复杂而长期的过程，团队的组建是创业文化培育的基础，创业文化的形成，是创业企业长盛不衰的保障。

首先要了解和运用培育创业文化的载体。创业文化的载体包括内部载体和外部载体两部分。内部载体的物质载体包含“企业的文化室、俱乐部、图书馆、企业刊物、企业网站、企业制服、企业宣传栏、企业宣传标语”等；行为载体包含“体育活动、文艺晚会、培训、表彰会、员工沙龙、总裁接待日、企业内部组织的各种协会和研究会”等。外部载体包括“企业创新 CI 形象新闻发布会、新产品发布会、企业赞助活动、企业公益广告、撰写新闻报道、向专业机构提供研究成果、组织或参与社会公益活动、参加行业展览、接待社会公众和学习考察团体参观企业”等。

其次要建立企业的各种制度。制度是团队的保障，一群人在一起，首先要从制定游戏规则开始。企业是市场的主体，在市场上

进行利益的博弈，需要游戏规则，这些规则既有显在的也有潜在的；同样，企业内部也是一个利益的博弈场所，老板和员工同样要按特定的游戏规则来行事方成体统，否则没有规矩自然就成不了方圆。制度的制定要优先尊重“约定俗成”的原则，而且，制度的制定一定要有员工共同的参与，参与等于承诺，参与的过程就是让企业员工认同这些制度的过程。

第三让团队的灵魂越来越干净。一个健康的高尚的团队文化，必须是高尚的、正当的，同时又要面对现实。创业团队的原始动机是赚钱，但赚钱不是创业的全部目的。正如打土豪分田地，与解放全人类的目标结合起来才成就了共产主义运动一样，团队的文化需要把现实的利益追求与长远的发展目标结合起来，才可能使团队获得源源不断的动力。正确的过程应该是，随着企业的不断发展，创业者的灵魂越来越干净，并最终使企业与国家、民族、区域等特定的文化对接，成为特定文化的载体和符号，至此文化建设才能真正地成功，团队建设也才能被称得上真正的成功，企业也才有可能走上长青之路。

鲸鱼搁浅的启示

鲸鱼搁浅海滩，有的说是这些鲸鱼在集体自杀，但却因找不到自杀的原因感到困惑。鲸鱼研究专家在对鲸鱼进行跟踪研究的过程中发现，它们之所以被搁置在海滩甚至暴死滩头，是因为它们追逐沙丁鱼的缘故，是这些微小的沙丁鱼群将这些庞大的鲸鱼引入到死亡的歧途。鲸鱼是因为追逐眼前的小利而死亡，它们经不起蝇头小利的诱惑，结果葬送了自己的生命。可见，不论动物的体型、种类，如果目标选得不好，结局是一样的悲惨。

思考：作为一个创业者，你创业的最终目标是什么？

四、练习与延伸性阅读

（一）练习题

1. 蚂蚁军团故事告诉我们什么？

2. 为什么说“一个人不可能完美，而一个团队却可以完美”？

3. 为什么说“团队建设的重点是培养团队的核心成员”？

4. 举例说明什么是“创业团队文化”。

5. 结合实际，谈谈你对“一个企业在其生存和发展的过程中，如果不能使企业成为国家、民族或区域文化的形象代表，基业长青几乎是一件不可能的事”这句话的体会。

（二）延伸性阅读

1.［美］杰弗里·蒂蒙斯，小斯蒂芬·斯皮内利著，周伟民、吕长春译的《创业学》，由人民邮电出版社在 2005 年 7 月出版。

2. 黄海燕的文章《浅析创业团队的组建》，发表于《商场现代化》2008 年 3 月（下旬刊）总第 534 期 66 页（附后）。

附文——浅析创业团队的组建

黄海燕

团队在创业过程中具有重要的意义。美国的一项研究表明，83.3%的高成长企业是由团队建立的，团队创业型企业的成长性明显优于独自创业型企业。然而在我国，根深蒂固的单打独斗思想在创业者中普遍存在。对于今天的中国创业者而言，要推动所创事业快速发展取得创业成功，迫切需要以崭新的团队观念替代传统的独自创业观念。本文简要分析了如何组建创业团队，期待能为我国创业者提供一些参考。

一、创业团队的定义及其构成要素

所谓创业团队是指在创业初期（包括企业成立前和成立早期），由一群才能互补、责任共担、愿为共同的创业目标而奋斗的人所组成的特殊群体。一般而言，创业团队由四大要素组成：(1)目标，这是将人们的努力凝聚起来的重要因素，从本质上来说创业团队的根本目标都在于创造新价值；(2)人员，任何计划的实施最终还是要落实到人的身上去。人作为知识的载体，所拥有的知识对创业团队的贡献程度将决定企业在市场中的命运；(3)团队成员的角色分配，即明确各人在新创企业中担任的职务和承担的责任；(4)创业计划，即制定成员在不同阶段分别要做哪些工作以及怎样做的指导计划。

二、创业团队组建的基本原则

1. 目标明确合理原则。目标必须明确，这样才能使团队成员清楚地认识到共同的奋斗方向是什么。与此同时，目标也必须是合理的、切实可行的，这样才能真正达到激励的目的。

2. 互补原则。创业者之所以寻求团队合作，其目的就在于弥补创业目标与自身能力间的差距。只有当团队成员相互间在知识、技能、经验等方面实现互补时，才有可能通过相互协作发挥出“1＋1＞2”的协同效应。

3. 精简高效原则。为了减少创业期的运作成本、最大比例地分享成果，创业团队人员构成应在保证企业高效运作的前提下尽量精简。

4. 动态开放原则。创业过程是一个充满了不确定性的过程，团队中可能因为能力、观念等多种原因不断有人在离开，同时也有人在要求加入。因此，在组建创业团队时，应注意保持团队的动态性和开放性，使真正完美匹配的人员能被吸纳到创业团队中来。

三、创业团队组建的主要影响因素

创业团队的组建受多种因素的影响，这些因素相互作用、共同影响着组建过程并进一步影响着团队建成后的运行效率。

1. 创业者。创业者的能力和思想意识从根本上决定了是否要

组建创业团队以及团队组建的时间表和由哪些人组成团队。创业者只有在意识到组建团队可以弥补自身能力与创业目标之间存在的差距时,才有可能考虑是否需要组建创业团队,以及对什么时候需要引进什么样的人员才能和自己形成互补做出准确判断。

2.商机。不同类型的商机需要不同创业团队的类型。创业者应根据创业者与商机间的匹配程度,决定是否要组建团队以及何时、如何组建团队。

3.团队目标与价值观。共同的价值观、统一的目标是组建创业团队的前提,团队成员若不认可团队目标,就不可能全心全意为此目标的实现而与其他团队成员相互合作、共同奋斗。而不同的价值观将直接导致团队成员在创业过程中脱离团队,进而削弱创业团队作用的发挥。没有一致的目标和共同的价值观,创业团队即使组建起来,也无法有效发挥协同作用,缺乏战斗力。

4.团队成员。团队成员的能力的总和决定了创业团队整体能力和发展潜力。创业团队成员的才能互补是组建创业团队的必要条件。而团队成员间的互信是形成团队的基础。互信的缺乏,将直接导致团队成员间协作障碍的出现。

5.外部环境。创业团队的生存和发展直接受到了制度性环境、基础设施服务、经济环境、社会环境、市场环境、资源环境等多种外部要素的影响。这些外部环境要素从宏观上间接地影响着对创业团队组建类型的需求。

四、创业团队的组建程序及其主要工作

创业团队的组建是一个相当复杂的过程,不同类型的创业项目所需的团队不一样,创建步骤也不完全相同。企业团队组建的主要工作有下列几种。

1.明确创业目标。创业团队的总目标就是要通过完成创业阶段的技术、市场、规划、组织、管理等各项工作实现企业从无到有、从起步到成熟。总目标确定之后,为了推动团队最终实现创业目

标，再将总目标加以分解，设定若干可行的、阶段性的子目标。

2.制定创业计划。在确定了一个个阶段性子目标以及总目标之后，紧接着就要研究如何实现这些目标，这就需要制定周密的创业计划。创业计划是在对创业目标进行具体分解的基础上，以团队为整体来考虑的计划，创业计划确定了在不同的创业阶段需要完成的阶段性任务，通过逐步实现这些阶段性目标来最终实现创业目标。

3.招募合适的人员。招募合适的人员也是创业团队组建最关键的一步。关于创业团队成员的招募，主要应考虑两个方面：一是考虑互补性，即考虑其能否与其他成员在能力或技术上形成互补。这种互补性形成既有助于强化团队成员间彼此的合作，又能保证整个团队的战斗力，更好地发挥团队的作用。一般而言，创业团队至少需要管理、技术和营销三个方面的人才。只有这三个方面的人才形成良好的沟通协作关系后，创业团队才可能实现稳定高效。二是考虑适度规模，适度的团队规模是保证团队高效运转的重要条件。团队成员太少则无法实现团队的功能和优势，而过多又可能会产生交流的障碍，团队很可能会分裂成许多较小的团体，进而大大削弱团队的凝聚力。一般认为创业团队的规模控制在 2 人～12 人之间最佳。

4.职权划分。为了保证团队成员执行创业计划、顺利开展各项工作，必须预先在团队内部进行职权的划分。创业团队的职权划分就是根据执行创业计划的需要，具体确定每个团队成员所要担负的职责以及相应所享有的权限。团队成员间职权的划分必须明确，既要避免职权的重叠和交叉，也要避免无人承担造成工作上的疏漏。此外，由于处于创业过程中所面临的创业环境又是动态复杂的，会不断出现新的问题，团队成员可能会不断更换，因此创业团队成员的职权也应根据需要不断地进行调整。

5.构建创业团队制度体系。创业团队制度体系体现了创业团

队对成员的控制和激励能力，主要包括团队的各种约束制度和各种激励制度。一方面，创业团队通过各种约束制度（主要包括纪律条例、组织条例、财务条例、保密条例等）指导其成员避免做出不利于团队发展的行为，实现对成员的行为进行有效的约束、保证团队的稳定秩序。另一方面，创业团队要实现高效运作需要有效的激励机制（主要包括利益分配方案、奖惩制度考核标准、激励措施等），使团队成员看到随着创业目标的实现，其自身利益将会得到怎样的改变，从而达到充分调动成员的积极性、最大限度发挥团队成员作用的目的。要实现有效的激励首先就必须把成员的收益模式界定清楚，尤其是关于股权、奖惩等与团队成员利益密切相关的事宜。需要注意的是，创业团队的制度体系应以规范化的书面形式确定下来，以免带来不必要的混乱。

6. 团队的调整融合。完美组合的创业团队并不是创业一开始就能建立起来的，很多时候是在企业创立一定时间以后随着企业的发展逐步形成的。随着团队的运作，团队组建时在人员匹配、制度设计、职权划分等方面的不合理之处会逐渐暴露出来，这时就需要对团队进行调整融合。由于问题的暴露需要一个过程，因此团队调整融合也应是一个动态持续的过程。在完成了前面的工作步骤之后，团队调整融合工作专门针对运行中出现的问题不断地对前面的步骤进行调整直至满足实践需要为止。在进行团队调整融合的过程中，最为重要的是要保证团队成员间经常进行有效的沟通与协调，培养强化团队精神，提升团队士气。

以上是对创业团队的组建工作的大致总结。需要注意的是这一组建过程并不是一个完全严格的顺序过程，即创业团队有时并不是严格按照此顺序一步一步地进行组建的。事实上，很多创业团队的组建过程没有明确的步骤划分界限，如制度体系构建、团队的调整融合可能是贯穿于企业发展的整个过程之中。创业者在组建创业团队的时候应在上述基本原则的指导下，根据实际情况灵活运用。

第六单元　如何筹集创业资本

一、创业资本的筹集

创业筹资主要依靠银行等金融机构来实现，要多管齐下，千万别吊死在一棵树上，这样才能多多益善。

创业都离不开本钱，这些本钱就是创业的启动资金，也包含一些最基本的开支。创业初期的本钱问题如何解决，关键还是要掌握一定的筹资技巧。

渠道1：银行贷款

> 银行贷款被誉为创业融资的“蓄水池”，在创业者中很有“群众基础”。

信用贷款——指银行仅凭对借款人资信的信任而发放的贷款，借款人无须向银行提供抵押物。

担保贷款——指以担保人的资产或信用为担保而发放的贷款。

贴现贷款——指借款人在急需资金时，以未到期的票据向银行申请贴现而融通资金的贷款方式。

创业者要做好打“持久战”的准备，因为申请贷款除了与银行打交道，还要经过工商管理部门、税务部门、中介机构等。而且，手续繁琐，任何一个环节都不能出问题。

渠道2：风险投资

风险投资是一种高风险高回报的投资，风险投资家以参股的形式进入创业企业。风险投资比较青睐高科技创业企业。风险投资家们更关注创业企业的赢利模式和创业者本人。

渠道 3：民间资本

民间资本的投资操作程序较为简单，筹资速度快，门槛也较低。民间资本的筹集包括向亲朋好友所筹集的资金，其形式有借款和吸收投资。

很多民间投资者在投资的时候双方应把所有问题摆在桌面上谈，并清清楚楚地用书面形式表达出来。此外，对民间资本进行调研，是筹资前的“必修课”。

渠道 4：创业筹资宝

创业筹资宝，是指将创业者自有合法财产或在有关法规许可下将他人合法财产进行质（抵）押的形式，从而为其提供创业急需的开业资金、运转资金和经营资金。该筹资项目主要针对“4050人员”，以及希望自主创业的社会青年群体。贷款期限最长为半年。

创业筹资宝的筹资“力度”不是很大，因此，解决创业资金问题一般要经过几轮筹资后才能实现。

渠道 5：融资租赁

筹资租赁是一种以筹资为直接目的的信用方式，表面上看是借物，而实质上是借资，以租金的方式分期偿还。

筹资租赁这种筹资方式，比较适合需要购买大件设备的初创企业，但在选择时要挑那些实力强、资信度高的租赁公司，且租赁形式越灵活越好。

二、一万元如何创业

大多数人对创业都很迷惑，不知道怎么做，都以为需要很多

钱，没有钱谈创业是很难的，但要是有了钱，这还叫创业吗？我就这一观点谈谈我的看法和一万元创业这个老的话题。

说一万元是大数，不算；说是小数字，但对一般平民来说还是一个不小的数字。区区一万元，说购买什么现代的电器，可能一件都还不够，更谈不上买房、购车。要是能把它用在创业上，那也就更不容易了。但是也未必不可。

多少成功人士，就是从一点点钱开始的。我想创业重要在发挥自我的价值，有钱做生意，人人都会做，但是要成功则不尽然。

创业，我认为有以下几种。

(1)做个手工业者。寻找一个产品，或找个合作伙伴，开一爿店或办个厂，都是创业的渠道，这样投资小，收益快，就是挺苦的，很累。

(2)做个经纪人。要有谈判的天赋，经营的头脑和吃苦耐劳的精神，还要有不懈的努力。

(3)合伙入股办公司。要有管理和经营的头脑，市场动作的能力，坚实的组织队伍。

以上三种，提出来让大家讨论。

做生意的人，我想是商人。商人不同于一般的劳动者，他必须有先知的头脑，科学的市场动作能力，吃苦的精神，艰苦朴素的生活，不断进取的理念和时时思危意识。

商人以最小的投资、最快的速度、最低的成本、最短的时间获取最大的利润。

创业，我认为有以下几个要素很重要。

(1)选择行业。这是企业的关键，也是企业的定位。

(2)市场产品的定位。也就是说你生产什么产品，可经营什么产品。

(3)价格定位。你是为什么群众服务，决定你的产品价格和生产模式。

(4)售后服务。储备企业形象,占领市场份额。

(5)创业难,我认为创业者的理念是用最少的资金,获得最大的市场空间、最快的资金回笼,尽快占有市场,完成原始积累。

三、零资本如何创业

大连艺术学院美术系雕塑专业的一位大四学生,在短短八个月时间里,靠承接绘画、雕塑项目,与客户签订了800万元的合同,一时间在开发区引起轰动,很多同学将其称为"开发区的比尔·盖茨"。一位在商海打拼多年的企业家赞叹:"这小子,零资本创业,在现在这个年代,简直是不可思议。"

经老师介绍,昨天,记者与这位名叫周镇的大四学生取得了联系,他正在浙江忙碌一个项目。他告诉记者:"一个人的心态和远见直接影响赚的是死钱还是活钱。"言谈之中,颇有几分商业人士的大气。

生活环境导致创业理想

出生在浙江安吉县一个普通农民家庭的周镇告诉记者,其实一个地方的环境,往往能影响一个人的一生,"在我的家乡,虽然不是人人做生意,但可以说家家户户都有生意人,经商在我们那儿被看做是'出人头地'的唯一途径。我上大学之前,身边因创业而发家致富的乡亲比比皆是,这也是我产生创业想法的动因之一。"周镇说,"开始是羡慕他们,后来是琢磨他们的商业经,时间长了,就成了一种习惯。我家里条件一般,但处在这样一个环境里,我早早就给自己定位了,那就是做一个企业家。"

周镇说,他属虎,这个年龄的人,很多是"网虫",但他上网从不打游戏,只关注和经济相关的信息。周镇表示,每次去书店,他只挑中外知名企业家和名人奋斗的传记来读,"因为每个成名企业家的背后都有一段传奇,读了这些传奇之后,我时常在想,这个世界

没有不可能。”

也正因为这样，周镇到大学报到前，就对人生进行了规划：课余时间全部放到专业工作室，同老师搞创作实践。在他看来，没有规划的人，是不可能成功的，“创业的行业一定要与自己的专业相关，只有如此，才可能以最快的速度成功”。

当父母要给予一定的资金支持时，他拒绝了，依然决定零资本创业：“我不想走任何捷径。”让所有人没有想到的是，他从司空见惯的现象中，找到了创业机会，“时下比较流行的墙绘在安吉老家很少见，如果我从这方面着手，就可以把所学专业用入其中。”

电视背景墙成为首份订单

去年 7 月，放假回家的周镇把创业想法告诉了同学阿林，阿林表示愿意助周镇一臂之力。两人商定，先从创办工作室开始。去年 7 月上旬，两人为了节省开支，租了一间居民家的阁楼。

没钱做网站，他们就用博客来代替；没钱打广告，他们就在当地贴吧、论坛上发帖。第四天，有个客户给周镇打来电话，要工作室为他正在装修的新房画一个电视背景墙。接到创业以来第一份订单，周镇和阿林相拥而泣。

周镇告诉记者，创业最怕的就是“蜗居”：“经营不能坐等，要走出去跑、出去访。”而他的大订单就是跑出来的。一天，周镇来到当地最大的寺庙灵峰寺寻找商机。他发现，山门上部的壁画、雕塑佛像都因年久失修，显得有些破旧。周镇找到寺里的住持慈满师父，先聊寺庙的历史和文化，壁画艺术和佛像雕塑工艺，接下来才把自己的想法告诉了对方。慈满师父看到周镇对雕绘艺术的熟悉和诚恳的态度，决定让他先设计出山门天顶壁画的样图，效果好的话，就让他承接此项工程。最终，周镇花 5 天时间设计出了 5 套方案，让慈满师父非常满意。

因为灵峰寺是当地有名的千年古寺，这个工程在当地影响很大。灵峰寺工程完成后，几单大项目接踵而来。安吉县一家房地

产老总看到周镇在网上发布的灵峰寺作品后，找他给自己的深海度假山庄做设计。那里有11幢木屋，500多平方米壁画面积，还有一批动物雕塑。随后，又把另一个山庄的雕绘工程交给了周镇。

从去年7月至今年2月，周镇已经完成和签约的雕绘项目金额已达800万元，还有几个项目正在洽谈中。目前，周镇的创业项目已经涉及邻近县市乃至省外。

经验比资金还重要。

“对一个创业者而言，一定要记住，经验比资金重要，大钱不是想来的。”周镇说，刚开始创业时，他的想法是能把生活费赚到就可以了，根本没想到半年后就和几百万的单子打交道。

周镇说，他还有一个副业，就是在淘宝网上开店。去年8月，他开始经营淘宝店，前两个月都没什么收入，10月开始就有人气了，11月的营业额达到6500多元。周镇说，经营淘宝网并非想赚钱，而是从中学会倾听：“我认为做生意的秘诀就是真诚相待，谈价格时多听听买家的意见，发货要及时，做好货物跟踪并及时给买家解决实际问题。这是淘宝网给予我的经验。”

信息链接

（一）巴菲特五大投资原则

第一：“做好家庭作业，找出杰出的公司”。即一个经营有方、管理者可以信赖的公司，它的内在价值一定会显现在股价上。所以投资者的任务是做好自己的“家庭作业”，在无数的可能中找出那些真正优秀的公司和优秀的管理者。对创业者而言，踏踏实实做好自己的企业，练好内功，内在价值终有一天会被发现的，是金子总会发亮的！

第二：“少就是多”。对一个普通人来说，巴菲特认为只要有三家公司的股票就够了。他的理由同样是基于一个常识：买的股票越多，你越可能购入一些你一无所知的企业。而通常你对企业的

了解越多,你对一家企业关注越深,你的风险就越低,收益就越好。对创业者而言,专注自己的强项,成功的几率将大大增加。

第三:“押大赌注于高概率事件上”。也就是说,当你坚信遇到了可望而不可即的大好机会时,唯一正确的做法是大举投资。对创业者而言,看准了,就要有勇气毫不犹豫投入进去。

第四:“要有耐心”。短于5年的投资是傻子的投资,因为企业的价值通常不会在这么短的时间里充分体现,你能赚到的一点钱也通常被银行和税务局瓜分。对创业者而言,不要太急于求成,“欲速则不达”。打好基础,走好其中的每一步,成功将自然而然地降临。

第五:“不要担心短期价格波动”。他的理论是,既然一个企业有内在价值,它就一定会体现出来,问题仅仅是时间。“选择少数几种可以在长期产生高于平均效益的股票,将你大部分资本集中在这些股票上,不管股市短期跌升,坚持持股,稳中求胜”。这是巴菲特的集中投资思想。对创业者而言,不要被暂时的挫折所吓倒,要有坚持的毅力,步步为营。

(二)资金配置“六三一黄金比例”

六成开办成本:店面租金、装潢、生财设备如桌椅、冷冻柜等,总括为开办成本,是创业耗资最大的部分。

三成营运费用:大部分店是慢慢加温的,所以会产生所谓的亏损期,尤其在创业的前半年,因此应保留亏损期的营运费用。

一成紧急准备金:针对生财设备的损坏或不敷使用、天灾带来的破坏等等,一定要留下紧急准备金应变,预防意想不到的开支。

(三)如何用好有限的资金

一、节俭生活是创业成功的第一步

住在办公室,睡在蒲团上,在一台烧烤架上做饭,吃掉了很多拉面。这是典型的创业生活体验。在生意中和生活中更明智地花钱能帮你省下更多钱以发展业务。搜寻在线优惠券来购买你需要

的一切——从办公设备到家居食品。

二、合理使用创造性的融资方式

创业经营并不意味着要寻找风险投资——而是可以利用你的个人资本和来自亲友们的资金，此外，还可以向当地的商业孵化器、经济发展中心、小企业发展中心等机构寻求有关本地区免费资金来源的信息。

三、选择合适的规模

如果第一条生产线规模太大，所需的启动资金就非常多。别以为市场需求大就应该一上来就抓住时机大干一番。利用手上的现有资金，看看这些资金究竟适合多大的生产规模。对所在行业进行调研，再确定自己的细分市场。

四、将资金用在能产生收益的要素上

小预算创业的关键在于聪明地使用有限的资源。把资金使用在关键员工身上，只雇用那些能直接创造收入的人员。

五、通过媒体和口碑进行营销

让别人为你营销，这是最廉价但最有效的营销方式。可以从寻找本地的小媒体开始。想要传播企业品牌，那就到当地电视台、报社、社区读物出版社和行业出版社去，把自己作为专家采访对象向笔者推出。先找到你所在地区都有哪些媒体，然后再看是否有你能发挥作用的方式。

六、合理灵活地雇用人员

也许你没有足够的资金雇用全职工作人员，但可以寻求外包服务或找临时帮手。

最好所有的雇员都在各自的家庭办公，这样他们用的就是自己家里的电脑和电话，你不需要任何基础设备的成本。

七、学会谈判和讨价还价

刚起步的创业者要意识到一切都可谈判——从技术成本到商业账户收费。如果你是用现金支付，就更有利于讨价还价。

八、学会善用信用卡

尽管创业初期的重要目标是不要陷进债务里，但善用信用卡采购还是有很多好处的。在你需要为公司采购时，可以使用那些能提供返点奖励或现金返利的个人信用卡或者商务信用卡。我们并不赞成积累信用卡负债，但是使用有奖励计划的信用卡有利于资金周转，可以让采购活动对公司发挥积极作用。

参 考 文 献

[1] 国际劳工局.创办你的企业(创业计划书)[M].北京:中国劳动社会保障出版社,2003.

[2] 郑佳明,周发源.创业大本营 [M].北京:人民出版社,2009.

[3] 钟普洋(英).草根创业的 5 项修炼[M].北京:电子工业出版社,2010.

[4] 吕滨.返乡农民工创业指南[M].南昌:江西人民出版社,2009.

[5] 傅春,王国龙.创业农民[M].北京:经济科学出版社,2009.

[6] 德鲁克.创新与创业精神[M].上海:上海人民出版社,2005.

[7] 杨德林.创意开发方法[M].北京:清华大学出版社,2006.

[8] 杰弗里·蒂蒙斯(美).战略与商业机会[M].北京:华夏出版社,2002.

[9] 孙陶然.《创业的 36 条军规》[J].创业家.2010(11).

后记

创业有方法吗？回答是肯定的——创业有方法，成功无定法。关键是遵循共同的规律，寻求不同的路径。创业成功的规律很简单——就是综合直接和间接经验，作出正确决策，合理调配各种资源，把握“天时地利”，使投资取得最佳收益，从而成就一番事业；寻求不同的路径，开辟事业的天地，取得创业成果就不那么简单了，编写此书的目的，就在于引导初次创业的人们少走弯路，尽快寻找到自己通向成功的创业之路。

创业是个过程，是一个不断总结与学习的过程，在这个过程中所有的创业者都在向着更成功的方向前进。本书介绍了一些实用理论和方法，旨在帮助那些刚刚开始创业或准备创业的朋友从中获益，激发起创业的热情，明确创业的目标，选择一条适合自己创业的成功之路。本书的价值就在于它为创业者提供了导航——根据金华成泰农村青年创业学院几年来的办学经验，以及创业班学员的创业实践，分析了创业中的常见问题和解决策略，为今后创业培训的开展提供了一本试用教材。

本书由楼土明教授编写第一单元“如何打开创业之门”和第六单元“如何筹集创业资本”；江梅芳讲师编写第二单元“如何测评创业素养”；李寿和副研究员编写第三单元“如何选择创业机会”和第

五单元“如何组建创业团队”；邵文革副研究员编写第四单元“如何撰写创业计划”。全书由邵文革、李寿和负责统稿。

本书的编写出版，得到了中共金华市委农办、共青团金华市委、成泰银行、金华职业技术学院及金华成泰农村青年创业学院理事单位的大力支持，在此一并表示衷心的感谢！

编　者

2011.9